ストーリーで学ぶ　仕事で悩まないための３つの心がけ

はじめに

できれば成功したいけれど、自分の能力ではいま一つ自信が持てない。
職場で人間関係につまずいて、苦しい日常から抜け出せない。
ある程度仕事で成功したのはいいけれど、今度はプレッシャーで潰れそう。

仕事をしていれば、誰もがこんな悩みを抱えたことがあるはずです。
多くの人は、映画やドラマのように劇的でスリリングな人生を歩むわけではありません。白馬に乗った王子様が突然目の前に現れることもなく、偶然出会った大富豪に気に入られて遺産を譲られることもありません。また、ある日謎の刺客に命を狙われて逃げ惑ったり、何か大事件を起こして連日マスコミから非難を浴びるということもありません。平凡な日常の中で、泣いたり笑ったり、苦しんだり悩んだりしながら、でこぼこの坂道を一歩ずつ登っていくような人生を歩んでいます。

そんなドラマにもならないような平凡な人生で悩むといっても、本人にとっては一大事です。目の前の悩みが解決できなければ、一歩も前に進めなくなってしまうものです。

こんな時、どうしても人は、悩みの原因を外側に求めてしまいます。

「親のせい」「きょうだいのせい」「子供のせい」「上司のせい」「部下のせい」「同僚のせい」「不況のせい」「政府のせい」「世の中のせい」――。でも、こんな問いかけをいくらしてみても、悩みが解決されることはありません。かえって心がかき乱されるだけで終わったりします。

この、いつまでも同じところをぐるぐると回るような悩みのスパイラルから抜け出すにはどうしたらいいのでしょうか。

本書では、次のようなメッセージを問いかけたいと思います。

そんな時は、ちょっとだけでいいから、自分の心のほうを変えてみてはどうでしょうか、と。

心がけ一つ、考え方一つで、人生は劇的に変わることがあります。

この本では、職場でありがちな悩みを題材にとって、ストーリー仕立てで、「心の力が未来を拓く」ことを綴っていきます。

主人公を自分自身に置き換えながら、読み進めていただければ幸いです。

この本を読み終えた時に、少しでも読者の皆さまの気持ちを前向きに切り替えることができたらと願っています。

２０１３年３月

編集部

この物語はフィクションであり
実在する個人、団体と一切関係ありません

登場人物

日向 未来子（ひゅうが　みきこ）

主人公。明るい名前と裏腹に暗い性格。

倉井 静香（くらい　しずか）

未来子の上司。名前と裏腹に明るくてうるさい性格。

生井 公子（なまい　きみこ）

未来子の部下になった期待の新人。頭脳明晰、容姿端麗。

矢藤 攻一（やとう　こういち）

未来子の部下。優秀だが批判癖が強い。

立花 良人（たちばな　よしと）

産業医、カウンセラー。未来子の相談相手。

第1話

私はこの職場に必要な人間？

自信を持つための自分の励まし方

シベリア送りと保健室

未来の子、と書いてミキコと読む。

しかも、苗字はお日様に向かうと書いてヒューガ。

日向未来子。ネガティブな要素が一つもない、徹底的なまでに明るい名前。

なのに私は、子供の頃から後ろ向きの暗い性格だった。

両親の口癖は、「どうせ無理だから」。

運動会の前日には、「どうせ活躍できないにしてもビリだけは勘弁してね」。

学校で試験を受ける前には、「どうせ平均点も取れないんだから」。

就職する時は、「どうせ一流企業は無理だから」。

そんなだから、ほどほどの大学に入って、ほどほどの成績で卒業し、ほどほどの地元の自動車用品メーカーに就職した。真面目な性格だったから、取り立ててダメでもないけれども、エリートでもない。

平均のちょっと下。

それが私のポジション。私の人生。

別段不幸でもないけれども、これという充実感もない。当たり前に働いて、当たり前に恋をして、たぶん平均的な男性と結婚して、子供を1人か2人産んで、山も谷もない、平凡な人生を歩むだろう。そんなふうに思っていた。

あの上司と出会うまでは――。


入社して3年目、総務部で事務仕事をしていた私は、営業3課に配属された。

私が営業？　引っ込み思案で暗くて目立たない私が？　嘘でしょ。まず、そう思った。

なんでも会社の業績が不振なので、事務などの間接部門から、〝稼げる〟部門へ人材をシフトさせるんだとか。各部署とも、1、2名ずつ営業部門や製造部門に引き抜かれたようだ。

しかも営業３課。

営業１課は、主力商品の法人営業部門。わが社が誇る稼ぎ頭の花形部署。

営業２課は、わが社が注力する新商品を売り込む突撃部隊。エネルギッシュなやり手が集まる、ここも華のある部署だ。

そして営業３課。はっきり言うと、完全な「その他」部門だ。在庫の山となった死に筋商品や、利幅の薄いＣ級商品を扱う。１課と２課で成果を出せなかった人たちの吹き溜まり。口の悪い人は、日の当たらないビルの北側の寒々しいところに部屋があることから、「シベリア」などと呼んでいる。営業３課への異動は通称「シベリア送り」。

入社３年目、25歳の私が、早くもシベリア送り!?

冗談やめてよ。思わず目の前が真っ暗になる。

別に、バリバリ働いて出世しようとは思わないけれど、同期最速でシベリア

在庫

送りになるのも嫌だ。

こうして25歳の春に、ただでさえ暗い性格をさらに暗くして、シベリアに出勤することになったわけだが、そこで謎の生物に出くわしたのだ。

その男の名は、倉井静香。女みたいな名前だが、立派な男性だ。それも男性ホルモンばりばりの。営業3課の係長で、32歳。名前と裏腹に、眉が太くて、声がでかくて、せわしない。正直、もっとも苦手なタイプ。

これが新しい直属の上司。

「君が日向未来子君？　俺は君の上司の倉井静香。よろしくなっ！」と手を差し伸べてきた。

まさか握手？　ここは日本ですけど。

しかし、相手は私の戸惑いなど、まったく眼中になく、強引に私の手を取って、上下にブンブンと振った。い、痛いって。

続けて倉井は、「未来の子って書いてミキコって読むんだね。いい名前だね。今日から君をミキティと呼ぼう！」と天真爛漫《てんしんらんまん》な笑顔で言い放った。しょ、初対面なんですけど、しかも微妙にいまどきでないアイドルになぞらえられても……。

しかも、この人、続けて大声でこう言った。

「だけど君、なんか雰囲気が暗いね！　名前と全然印象が違うなあ！」

その場にいた数人の社員が思わずこちらを振り返って笑ったのが見えた。最悪の３課デビュー。この人、絶対に許さない。

苦しいのは上司だけではなかった。思った通り、仕事も最悪だった。売れ残った在庫を片づける仕事。こんなの絶対に売れるわけがない。そもそも売れないから在庫になったのに、なんでそれを売るための部署があるのよ。

どうせ、お荷物になった社員をリストラするためにつくられた、嫌がらせ部署に違いない。だいたい1課は80人、２課は50人もいるのに、３課のメンバーはわずか10人ほど。定年間近でくたびれた感じの課長と、〝倉井〟のくせにやたらと明るい係長と、なんだか癖のある感じの年配の社員が数名。明らかにみんな左遷されてきた雰囲気。20代は私1人だ。20代で早くも左遷なんて、いくらなんでも私が哀れじゃないか。

配属されて1カ月ほど経った時、私はすっかりノイローゼになってしまった。私の担当は、売れ残った自動車用品を全国のガソリンスタンドや自動車用品店、ホームセンターなどに電話で売り込むこと。

電話をかけること自体が憂鬱《ゆううつ》だ。ほとんどが厳しい反応で、時には「忙しいから！」とガチャンと切られてしまう。

信じられないことに、そんな電話を、来る日も来る日も数百本もかける。す、数百本よ、数百本。こんなに電話したら耳に受話器ダコができるわよ。しかも

1カ月もやって、一つも成約できない。そりゃ私の話し方や売り込み方もうまくないとは思うけど、いくらなんでも、これは商品自体が悪いはずよ。

しかも、同僚の人たちは、誰も手伝ってくれないし、アドバイスもくれない。そもそも電話がけの営業をしているのは私1人。ほかの人は何をやっているのか、よくわからない。半分以上は、どこかに出かけっぱなしだし、役のついている人は、他部署の人と頻繁《ひんぱん》に打ち合わせばかりしてる。

配属されたての頃こそ、「どこの出身？」「前の部署はどこ？」みたいな会話をしてくれたけど、みんな世代が違うし、相手も20代の女性に合わせる話題が思いつかないらしく、最近では昼ごはんも1人で黙ってコンビニ弁当を食べるようになった。

唯一かまってくれるのは、例の倉井係長だけだが、場違いな大声で、「頑張れよ」「明日はきっとうまくいくぞ」「今日も絶好調か？」などと私の心を逆なでするようなことしか言わない。かえってストレスになる。

そんな倉井も、普段はどこにいるのか、３課のスペースには在席しないことが多く、職場には、相手に断られながらも、ひたすら悲痛な売り込みをかけている私の声が響いている。やっぱりこれって嫌がらせ？　ひょっとして、私を辞職に追い込もうとしてるの？　そういえば、聞いたことがあるわ。会社がリストラしたい時って、「クビだ」とか言うわけじゃなくて、わざとつまらない仕事を与えたり、無意味な仕事を与えたりして、自分から辞めたいと言い出すのを待っているんだって。

何でも「不当解雇」という形になったら、会社にとって何かと面倒なことになるとか。それで、自分の意志で辞めたという図式にあの手この手で持っていくらしいわ。

そんな暗～いことを考えていたら、ある朝、起き上がれなくなって、目が覚めたら昼になっていた。

ヤバい！

慌てて昼過ぎに出勤すると、みんなの反応は、「えっ？　いま出勤なの？そういえば朝から見なかったね」。

……‼

その反応を見て、私の心の中の大事な何かが、音を立てて崩れたのがわかった。

昼まで寝坊といえば大事件よ。私の人生で初めての大失敗よ。小学校、中学校、高校、大学と、基本的に遅刻はしなかった私が大胆にも3時間以上に及ぶ大遅刻をした大事件というのに、反応はそれだけ？

私がどこで何をしているかなんて、誰も気にもとめていなかった……。

ショックを受けて茫然《ぼうぜん》自失《じしつ》となった私は、その後フラフラと会社の中をさ迷い歩いた。いつの間にか、普段立ち寄ったこともない、製造部門が入っている隣のビルに迷い込んでしまったらしい。

ふと見ると「健康相談室」と書かれた部屋の前にいた。

ウチの会社に、こんなものあったっけ？

製造部門の入ったビルの隅っこの閑散としたスペース。そこにひっそりと佇んでいる相談室。まるで学校の保健室みたいだ。

その時、周囲に人気がなかったこともあって、つい扉を開けて中に入ってしまった。

中にいたのは白衣を着た初老の男性。上品なロマンスグレーの髪に、知性的な光をたたえた優しい瞳をしていた。

「おや、珍しい」

と、その外見から予想される通りの穏やかな声で出迎えてくれた。

それからしばらくのことはよく覚えていない。
いつの間にか、泣きじゃくりながら、この1カ月であったことを、絞り出すように洗いざらい話していた。

慣れない仕事で毎日がつらいこと。
引っ込み思案なので、そもそも営業の仕事は向いていないこと。
上司の倉井が、無神経な明るさで、私を苦しめること。
真面目に働いてきたのに、早くも左遷されてしまって悲しいこと。
今日、大遅刻をしたのに、誰にも気づかれなかったこと。

1時間くらいまくしたてただろうか。気がつくと、涙と鼻水で顔がぐしゃぐしゃになっていた。慌てて近くにあったティッシュを手元に手繰《たぐ》り寄せた。

「それは、つらかったね」

1時間も、ただ黙って私の話を聞いていた初老の紳士は、ぽつりとそう言った。その言い方があまりにも優しかったので、顔を拭いたばかりなのに、また咽《むせ》び泣いてしまった。

「すみません。一方的にまくしたてて……」

「いやいや、つらいことがあったら、いつでもおいで。そのための場所だから」

「ありがとうございます」

よく見ると、白衣の胸の名札に「産業医・立花良人」と書かれている。ああ、そうか。この人なんだっけ、カウンセラーというやつ？

その時、立花先生の背後に見える時計が目に入った。

すでに2時を回っていた。ヤバい。

「あ、あのすみません。今日は、突然、ご迷惑かけて。また、相談に乗ってください。失礼します！」

そう言って、慌てて席を立った。すると、立花先生は、立ち去ろうとする私に向かって背後から、ふと思いついたようにこう言った。

「あ、君ね。〝どうせ〟っていう言葉遣いをやめたら、きっと、もっと幸せになれると思うよ」

その時は、急いでいたためか、は？　何言ってるんだろ、と思ったけど、その言葉は、静かにだけど、私の心の深いところに衝撃を与えた。

心の王国とシンデレラプラン

私の大遅刻事件は、ちっとも事件にならず、翌日からいつもの日常が始まった。

その日は珍しく倉井係長が朝からいた。

「よっ！　今日も元気か！」

いつもの調子のバカでかい声で挨拶してくる。

反射的に、「どうせ、私は元気ないわよ」と、小さな声で、独りごちた。その瞬間、ハッとした。いま、どうせ、って言ってしまった……。

唖然《あぜん》としていると、倉井係長が、珍しく畳みかけてきた。

「昨日の電話がけはどうだった？　やっぱり成果ゼロか？」と、これまた不必要なくらい明るくでかい声で話しかけてきた。

思わずカチンときた私は、「どうせ、私は営業が苦手……」と、ボソリとつぶやいた。そこで、「また、どうせ、と言ってしまった」と愕然《がくぜん》とした。

口ごもっていると、「どうした。ハッキリ言わんとわからんぞー」と、倉井がまた畳みかけてくる。これまた反射的に「どうせ、私は無口で暗い……」と思ってしまった。

心底、愕然とした。

わずか10秒ほどの間に、3度も「どうせ」って言っている！

ひょっとして、私はこれまで、このペースで「どうせ」を繰り返していたのだろうか？　「どうせ」という言葉が、健康的な口癖でないことは、私にだってわかる。

絶句したまま固まってしまった私を見て、今度は、倉井のほうが固まっていた。

「だ、大丈夫か？」

心配そうに私の顔を覗き込む。

「す、すみません！　失礼します」

思わずそう叫ぶと、ダッシュで3課の部屋を飛び出した。10分後、私は〝保健室〟にいた。

「私、〝どうせ病〟に罹《かか》っていたみたいです」立花先生は、はは、と軽く笑いながら、「そうみたいだね」と答えた。

そして、「でも、治せるよ」と言った。

えっ？　でも、これは子供の頃からの癖なんですよ。私は、これまでずっと「どうせ」と言って生きてきたんです。性格が急に変わるわけないし、簡単に治ったりするわけありません。

そんな趣旨のことを立花先生にまくしたてると、先生は笑いながらこう指摘した。

「ひょっとすると、ご両親は厳しい人だったのかな？　減点主義というか、否定的な言葉をよく口にしていたとか？　何か心当たりないかな？」

そう言われてハッとした。

そう言えば「どうせ」というのは、両親の口癖だ。

「そうです。そうです。そうなんです。どうせは、両親の口癖です。私、親から

〝どうせお前はダメだから〟と言われて育ったんです」

思い出した。そうよ、私のこの性格は親の影響だったんだわ。私の暗い性格は親のせいだった！　ナンテコッタ。心の中でそんなふうに思っていると、先生がズバッと畳みかけてきた。

「でも、両親のせいにしないほうがいいと思うよ」

えっ？　でもいま先生が親のせいと言ったんですが……。思わず心の中で先生にツッコミを入れる私。

「君が否定的な考え方を持つようになったのは、確かに両親の影響かもしれない。でも、子供の頃ならともかくとして、いまは十分に自立した大人になっているわけだから、自分でどの考え方を持つかは、自分で選択できるはずなんだ。〝どうせ自分はダメだ〟という考えを選ぶこともできるけど、〝でも私ならできる〟という考えを選ぶこともできるはずなんだよ。そして、君は、幸せになるほうを自由に選択できるんだ。僕が〝どうせ〟という口癖を改めたほうがいいと言ったのは、そのほうが君が幸せになれると思ったからだ」

自分で選ぶ？　自由に選択？

そんなふうに考えてみたことはなかった。

でも10年も20年も〝どうせ攻撃〟を受けたんですよ。自由に選ぶといっても、急に変えるなんて、とてもできそうにない……。

「では聞くけど、〝どうせ自分はダメだ〟と思うのと、〝でも私ならできる〟と思うのと、どちらが幸せになれると思うの？」


そりゃ、〝でも私ならできる〟のほうだとは思いますが……。

「で、君は幸せになりたいの？　不幸になりたいの？　どっちなの？」

そういう言い方をされたら、そりゃ幸せになりたいとは思うけど……。

「じゃあ、どうすべきかの結論は一つだよね。君は幸せになりたい。幸せになるには、〝どうせ無理〟と考えるのをやめて、〝でもできる〟と考える必要がある。ということで、今日から、頑張ってみようか！」

　えっ？　えっ？　いま決めたんですか？　ひょっとしていま、私の生きざまについて決められてしまったんでしょうか？

　とまどっていると、立花先生がこう言った。

「いい？　心の中でどう思うかは自分の自由だよね。いま僕が話していることに対して、〝なるほど〟と思おうが、〝バカなんじゃない、この人？〟と思おうが君の自由だ。僕には、君が心の中で何をどう思うかをコントロールする力はない。無理やり説得することもできない。自分の心の王国は、絶対に他人に支配されることはないんだ。だから、本当は君は自由なんだ。少なくとも、心の中は自由なんだ。これまでの経緯はいろいろあったと思うし、悲しいこともたくさん経験したのかもしれないけれど、〝どうせ無理〟と思うのも、〝でもできる〟と思うのも、自由に選択できるんだということをぜひ試してみてほしいんだ。すぐにはできないかもしれないけれど、チャレンジしてみてほしいんだ。すると、君は、自分が思っているより、ずっと強い力を持っていることに気づくはずなんだ」

ぐっ。ヤバい。変な説得力がある。思わず「はあ……じゃあ、やってみます」と答えてしまった。

この時は実はよくわかってなかったんだけど、立花先生の静かな迫力に気圧される形で、「ちょっとできるかも。試してみようかな」と思ってしまった。恥ずかしくて、うまく表現できないけど、実は、この時、ちょっとだけ心の中が晴れやかになった気がした……。

それから私の静かな戦いが始まった。

電話がけを始める際に、営業対象となる業者のリストを見て、思わず「どうせ、今日も電話をかけても無駄よ」という気持ちがむくむくと頭をもたげる。そこをグッとこらえて「でも、今日はできるかも！」と考えてみる。

慣れないせいか、非常に疲れる。１００本ほど電話をかけた段階でへとへとになってしまった。それでもなんとなく、このまま〝どうせ無理〟思考に染まってしまったら、私の人生が永遠に不幸になることが確定してしまうような気がして、必死の努力を続けた。〝でもできる〟思考に切り替えられるように頑張ってみた。


ところが静かな努力を始めると、一つの脅威が立ちはだかった。

上司の倉井だ。

私の頑張りが多少は伝わったのか、やたらと励ましてくるのだ。

「君ならできるぞ！」

「今日はいけそうだな！」

「挫けるな！」

〝熱い〟のはいいんだけど、ちょっと疲れるんですけど……。

静かな努力を始めて1週間ほど経った時、倉井係長が「今日はいい話をしてやろう！」と満面の笑みを浮かべて近づいてきた。

いやな予感がしてぞわっとした。


「俺たちはシンデレラだ！」


突然、大声でこう叫んだので、思わず吹き出しそうになった。倉井さん、私はともかく、あなたは男ですよ。シンデレラにはなれませんよ。

周囲の人がまったく反応していないところを見ると、よくわからないが、倉井係長得意の〝持説〟を披露《ひろう》しようとしているのかもしれない。
　これは、「係長、その考えは素敵ですね！」とお世辞でも言う準備が必要なのだろうか。だけど私はこのお世辞がとっても苦手で、うまく言えそうにないから黙っていた。

「ミキティ。俺たちの部署は営業３課だ。ミキティも知ってる通り、一部の口の悪い奴らは、俺たちのことを〝シベリア〟などと呼んでいる。しかしな、それは違うんだ。俺たちは、確かに、他部署で売れ残ってしまった商品を扱っている。しかし、どの商品も開発者が愛情を込めて必死の思いで創り、育ててきた商品なんだ。しかし、たまたま時流に合わなかったり、売り方が悪かったりして、売れ残ってしまったんだ。でも、本当はどれも素晴らしい商品なんだよ。それを俺たちが、商品の可能性を見出して、本来の力を引き出すんだ。そして大ヒット商品にするんだ。

在庫
在庫
在庫
Cinderella Plan!

つまり、みんなシンデレラなんだよ。いまはたまたま冴えない格好をして、粗末に扱われているが、ひとたび機会が来れば、王子様のお妃になれる可能性を秘めているんだ。そう考えたら、俺たちの仕事は非常に尊いと思わないか？誇りある仕事とは思わないか！」

倉井係長の熱弁のボルテージがぐんぐん上がっていく。斜め上を見ながらこぶしを振り上げている。青春ドラマの見すぎでは？

「名づけて〝シンデレラプラン〟！」

げっ。その顔でシンデレラと叫ばれても。倉井がガラスの靴を持っている映像を頭に浮かべてしまい、気持ち悪くなった。この人バカなのか？

倉井はそのまま30分にわたって「シンデレラプラン」と称する営業3課の営業方針？について延々と大演説を繰り広げた。はじめのほうは「へぇー」という表情をつくる努力をしていたが、15分が過ぎたころには、ダレてきた。ふーん。そうすかあ。どうせ、私はシンデレラじゃないですけどねー。と、自分の「どうせ」コメントにツッコミを入れる気力もなくなっていく。

「ということでミキティ。今日からしっかり頑張ろう！」

どうやら、話は終わったようだ。一応、「いろいろとアドバイスありがとうございます」と言って、仕事に戻ろうとした時、倉井がこう言ってのけた。

「でも最近のミキティの電話は、なんか悲壮感が漂っているなあ！　もっと明るく、気楽な感じでやったほうがいいよ！」

ひ、ひそ…？　悲壮感!?

私、いま、明るい性格になれるように必死の努力をしている最中なんですけど。そ、それをよりによって悲壮感って……、私の努力も知らないで！　一気に奈落に落とされた気がした。この1週間、必死に努力したのに。そりゃ、成果は上がっていないから、表からはわからないかもしれないけど。でも、この1週間は、本当にいままでの人生ではあり得ないくらい頑張ったのよ。それなのに！

そう思うと、いままでこらえてきたものが堰《せき》を切ったように込み上げてきて、涙がドッと溢れた。

よほど異様な反応だったのだろう。いきなり泣き出した私を見て倉井係長が目を丸くして、「え？　え？　俺変なこと言った？」てな感じで戸惑っている。

完全に心のコントロールを失ってしまった私は、泣きながら部屋を飛び出し、例の〝保健室〟へ。

ガラスの靴をはいた未来の子

ああ、またやってしまった。やっぱりこの繰り返し。どうせ、私は何をやってもダメなのよ。結局、営業で成果は出せないまま。性格も直せない。前向きになる努力自体が1週間しか持たなかった。

立花先生の言葉に乗せられて、つい頑張ってしまったけど、こんなことになるくらいなら、最初からその気になんかならなければよかった。何が心の中は自由よ！　そんなもん、無神経な倉井係長や立花先生にはあるかもしれないけれど、私にはなかったのよ。やっぱり、どうせ、私はダメだったんだわ。

初めて立花先生に会った日と同じように、私は1時間にわたって泣きじゃくりながら、この1週間の戦いと、倉井係長の心無い一言の不当性と、立花先生の考えの間違いについて訴えた。

私の話を一通り聞くと、立花先生は、こう答えた。


「要するに、悔しかったんだね」


え？　悔しい？　また、この先生、何か意外なことを言おうとしているぞ。

警戒していると、言葉をこう継いできた。

「話を聞いている限り、君の涙は、前回の涙とは違う。前回の涙は〝絶望の涙〟だったが、今回の涙は〝悔し涙〟だ。努力したのに報われない。そのことを無神経に指摘されて、悔しく感じた。この涙は非常に大切な涙だ」

まずい。何か、また私は言いくるめられようとしている。

でも、次の言葉を聞いたら、ひょっとして救われるのかもしれないと思うと、立花先生の話をさえぎることはできなかった。

「いいかい。〝悔しい〟という感情は、向上心がなければ決して出てこない感情なんだ。向上したいと切望しているのに向上できない自分がいる。だから悔しいと感じる。だから、悔しさを感じるということは、向上心がある証拠なんだ。逆のことを考えてみればいい。例えば、君はイチローがメジャーリーグで活躍しているのを見ても、悔しいとは思わないだろう」

はあ、そりゃあ、当たり前でしょう。女の子だし。

「君がイチローの活躍に悔しさを感じないのは、君が野球というスポーツに関しては向上心を持っていないからだ。同じプロ野球選手で、イチロー選手ほどの実績を上げることができず、メジャーリーグに行けない選手がいたとしたら、悔しいと思うかもしれない」

……。

「ということは、いま君は本気で自分を変えようと思っている、営業で成果を出そうと思っている、なのにそれが実現できないから悔しいと思っている。これは大変な進歩だ。なぜなら1週間前に同じことを言われても、怒ったり悲しんだりはしたかもしれないけれど、涙を流すほど悔しがったりはしなかったはずだ。だから、いまはものすごい勢いで成長しているんだよ。そういう気持ちがあるなら大丈夫。きっと自分を変えられると思うし、営業の成果も出ると思うよ」

ああ、やっぱり言いくるめられてる。

でも、ちょっと待って。あの倉井はどうなのよ。前向きというレベルを超えて、無神経で空気読めなさすぎだと思うんですけど。ああいう生まれつきの能天気な人には、私の気持ちは絶対にわからない。今後、ずっとあの人と、一緒にやっていかなければならないと思うと、気が重くなる。

それも何よ、あのシンデレラって？　言わんとしてることはわからなくはないけど、男に本気でシンデレラを目指されても気持ち悪いだけ。誰が見たって売れない商品と左遷された痛い人たち。シンデレラって言葉一つで励まされるとでも思ってるのかしら。あれはおとぎ話の世界。現実の世界ではそんなことはないし、召使いは召使いのままなのよ。もっと現実を見据えた上で言葉を選んでよ！　あれじゃ、前向きを通り越して、ただの能天気バカじゃない。

そんなことをまくしたてていると、立花先生が、静かにツッコミを入れてきた。

「一応言っておくけど、シンデレラって言うのは、ドラッカーという偉い学者が言っている経営学の専門用語だよ。君は倉井君が何かクサいセリフを編み出したかのように考えているみたいだけど。いまはあまり売れていないけど、何かのきっかけでバカ売れする可能性のある商品のことを〝シンデレラ商品〟って言うんだ」

えっ？　そうなの？　全然知らなかった。じゃあ、そこだけゴメンナサイ。

でも、それであいつの無神経さが消えたわけじゃ全然ない。

すると、立花先生が変なことを言い出した。

「悩んでる時ってさ。自分のことしか考えていないことが多いって知ってる？」

え？

「悩んでいる時って、自分の気持ちばかりをじーっと見つめてしまうじゃない。そんな時、相手はどう感じたか、どう思ったか、ということはなかなか見えなくなるよね。それで相手が悪く見えたりするんだけど」

どういうこと？　私が自分のことしか考えていないってこと？　それは、私の気持ちを考えない倉井のほうじゃない。私だって、好きでこんな暗い性格をしているわけじゃない。それでも、私なりに少しでも前向きになろうって、初めて努力をしているのに。そんな私の気持ちも知らずに、いつも場違いな大声を出して、青臭いことばかり言って、もういい年なのに子供みたいに大きなことばかり言ってる。世の中には静かにしていたい人だっているし、社交的でない人もいる。そういう人にとって、倉井みたいな人は本当にウザイのよ。いつも前向きで明るくて、まわりの人を励まして、自分一人がいいことをしたと思い込んでる。自分の言葉が相手を突き刺していることも知らないで、テンション上げて独りだけ幸せになっている。あの人には、人の気持ちの痛みなんてわからないし、落ちこぼれや劣等感を持って生きてる人の気持ちなんて永遠にわからない！

話しているうちに、感情がセーブできなくなり、倉井係長を罵倒《ばとう》してしまった。まずいと思いながらも止められない。結局、いつものように泣きわめいていた。

すると立花先生は、これは多くの人が知っている話だけど、と言って話をしだした。

「倉井君ってね、僕も少し知ってるんだけど、君が言うほど無神経な人じゃないし、言葉だけの人でもないよ。それに、最初からあんなふうに明るい人でもなかった。特に暗かったわけでもないけれど、ごく普通の人だった。５年くらい前まではね」

何やら深刻そうな話を始める雰囲気……。

「彼には美香ちゃんという可愛い娘さんがいたんだけど、ちょっと多動が激しくてね、ＡＤＨＤっていうのかな。ずいぶん変わった子だった。しょっちゅう癇癪《かんしゃく》を起こすし、あちこち動き回るので、目が離せなくて、奥さんが疲れてノイローゼになっていたんだ。それで倉井君も仕事そっちのけで、定時が来るとさっと家に帰ってね。美香ちゃんの相手をしていたんだ。でも正直、子育てがつらかったんだろうね。実は、よくここに来て、〝つらい〟ってこぼしていたんだよ。ところがある日、美香ちゃんが家から勢いよく表に飛び出した時に、運悪く車が通りかかってね。可哀そうに、美香ちゃんは車に撥《は》ねられて亡くなってしまったんだ。即死状態だったって。美香ちゃんが車に撥ねられた時はね、倉井君は会社にいたんだけど、ちょうど、いま君がいるこの場所で、美香ちゃんの子育ての愚痴をこぼしていたんだよ。後でそのことを知った時の、彼のショックがわかるだろうか」

ちょっとよしてよ。そんなつらすぎる話……。それじゃ、私がひどい人みたいじゃない。でも、倉井係長にそんな過去があったなんて。いまの明るさからは想像もできない壮絶な話だ。
「それが5年前。それから1年ほど、彼は人が変わったように一心不乱に仕事に励むようになったんだ。何かしていないとつらくなるんだろうね。悲壮感が漂うほどの仕事ぶりだった。だけど、そういう不幸をしょっての努力って、まわりの人からすると、痛々しすぎて重くてね。仕事でさっぱり成果が上がらなかったんだ」

悲壮感の漂う仕事は、まわりにとって重すぎる……。

思わず、立花先生の言葉を心の中で反芻《はんすう》する。

「それから3課に異動になってね。しばらくは沈んでいたんだけど、ある時、何か思うところがあったんだろうね。いつまでも、このままじゃいけないって。おそらく必死に心の中で戦ったんだろうけど、少しずつ明るさを取り戻していったんだ。すると、不思議なことに営業成績も上がりはじめてね。いまから３年ほど前になるかなあ。ある売れ残り商品を見事に大口受注につなげてきてね。営業１課のエースも真っ青になるほどの業績を上げて社長賞を取ったんだ。それからの彼の活躍は本当にすごくてね。それから社長賞を２回取ったかな。32歳で係長というのは、実はウチの会社では異例のスピード出世でね。彼の活躍もあって、人員の数や売上で比べると三つある営業の部署のうち３課は最低なんだけど、１人あたりの売上で比べると、実は３課がトップなんだよ。それを牽引しているのが倉井君なんだ」

私は茫然と立花先生の話を聞いていた。社長賞？　１人あたりでトップ？　シベリアの係長が？

一度にたくさんの情報をインプットしすぎたせいか、頭が混乱する。ということはどういうこと？　倉井はすごい人？　３課はエリート部署？

とまどう私に立花先生が、優しく言葉を重ねてくる。

「いっぺんに話しすぎて、少しとまどっているかもしれないね。で、ちょっと整理してみようか？　倉井君が君に言ったことは、一つは、〝シンデレラ〟の話で、もう一つは、〝君の仕事に悲壮感を覚えた〟という話だった。もうわかると思うけど、彼は無神経にこの話をしたわけではないんだ。

シンデレラは、娘の美香ちゃんが人とはちょっと違っていたこと、でも、将来立派な大人になれると信じていたこと、でも、不幸にも亡くなってしまったこと。

美香ちゃんが果たせなかったことを、明らかに自分の仕事や営業3課に投影しているよね。そして、少なくとも仕事に関しては倉井君自身が実際にシンデレラになってみせている。

そのすべての経験を踏まえて、シンデレラプランを訴えているんだ。

悲壮感の話は、かつて自分が不幸感覚の中で頑張っていた時には道が開けず、明るさを取り戻す過程で人生を立て直してきたという経験から、君の仕事にかつての自分の苦しさを見出して心配していたということ。

これが、彼の立場から見た真実なんだ。彼の背負ってきた人生から見れば、彼は一度だって能天気だったことはないし、一度だってふざけたことはないし、一度だって君をバカにしたことなんてなかった。すべて、本当に、君のことを心配して、語りかけていた真実の言葉だったんだ。

悩んでいる時は自分の気持ちしか考えることができないから、相手の立場に立って思いやることができない。だから真実が見えなくなる。しかし、真実というのは、実は思った以上に、優しさと愛に満ちた素晴らしい世界だったりする。ただ、自分自身の心の曇りが、それを見えなくしているだけなんだ」

私はしばらく呆然としていた。倉井係長の人生にそんな過去があったなんて。事情を知らなかったとはいえ、能天気で無遠慮だったのは私のほうだった。

そして、改めて、私の暗い考え方が、私のいるこの世界を暗いものと認識していただけであったことを痛感した。私の不幸感覚は、何もかも、そう、何もかもが、自分がただ、そう思っていたというだけだった。だから、考え方を変えれば、見える世界が変わり、不幸に彩られた世界を幸せなものに変えていける――。

「ま、いろいろ偉そうなことを言ってしまったけど、本当は最近読んだ本の内容を、ちょっと言ってみただけなんだ。その大切なところだけを書き出して、いつも折に触れて読み返しているんだ。まさか、こんな形で君に話すことになるとは思わなかったけど、せっかくの機会だから、君に渡すよ。気持ちを明るくしようと思っても、どうしても暗いほうに引きずられそうになったら、読み返すといいよ」

立花先生は、こう言って、一片の紙を渡してくれた。その紙にはこう書いてあった。

人間には、本来、強い強い力があるのですが、肉体と物質の有限性に縛られていて、本来の力を出せないでいます。

すなわち、「自分の能力には限界があるのだ。自分は、こんなことはできないのだ」という、逆の意味での催眠術にかかって、本来の力を発揮できないで生きている人が多いのです。

それは、一つには、幼少時に、両親やきょうだいから言われた否定的な言葉や悲観的な言葉、あなたを卑しめ、あなたを傷つけ、あなたを挫折させ、あなたを挫けさせるような言葉などが積み重なったからであり、もう一つは、学校において、先生や級友たちに十分な評価をされることなく、悔しい思いや、つまらない思いをしてきたからです。そういうことが積もり積もって、現在、有限で悲観的な自己像になっているわけです。

しかしながら、「本来の自分自身は、いったい、どのような存在であるのか」ということを悟ったならば、人間には、もっともっと強い強い力が肚の底から湧いてくるのです。

なるほど。すぐには変えられないかもしれないけど、もうちょっとだけ頑張ってみよう。そして倉井係長を、ちょっとだけ尊敬してみよう。

◇　◇　◇

私が営業で初の注文をゲットしたのは、それから2週間後のことだった。

小さな注文だったけど、「やればできる」という、ささやかな自信が生まれた。倉井係長の能天気トークも以前ほど気にならなくなり、少しずつだけど、〝どうせ〟と言う回数は減っていった。不思議なことに、〝どうせ〟の使用回数が減るほどに、営業の成績は伸びていった。

倉井係長ほどではないけど、大口の契約も取れた。社長賞は逃したけれど、27歳になる頃に、わが社の女性としては珍しく主任に昇格できた。

その年、１００人を超える営業部員のうち私の成績はなんと9番。倉井係長の2番には及ばなかったけれど、〝私なりのシンデレラ〟は実現できたのかもしれない。

第2話

自分よりデキる新人が怖い

どうしても許せない人への対処法

初めての部下は噂の才媛

一難去ってまた一難。

彼女はまさに「一難」だ。

彼女が営業3課に配属されてきたのは2カ月ほど前。

生井公子。24歳。一流大学を出てしかも美人。仕事もできるというウワサ。

天は二物を与え給うた。もっぱらの評判だ。

入社するや社長室の秘書課に配属され、以来、ずっと社長秘書を務めていた。

そんな才媛のエリートが、なぜよりによって営業3課へ？

「うわっ。ほんとにさぶっ」

彼女が3課に配属された時の第一声がこれだ。北に面していて日の入らない3課が陰で〝シベリア〟と呼ばれているのは公然の秘密だが、来てみて本当に寒かったので驚いたのだろう。

ところが、ここは当然カチンとくるべきシチュエーションであるにもかかわらず、ウチの男子どもの半分は鼻の下を伸ばして「きれいな娘だな〜」などと呆《ほう》けた顔をしている。残り半分はふーんと冷めた顔。これは私が配属された時と同じ反応だ。

で、肝心の倉井係長はどうかと言えば、

「そうなんだよ。ここ、マジで寒いんだよ。冬はカイロを持ってきたほうがいいよ！」

などと、真に受けてしまっている。

嫌味で言われているのに気づかないのかっ。

性格がキツイ、という噂は本当のようだ。

美人であることを鼻にかけているわけではない。むしろ、仕事ができることを鼻にかけるところがあるという。実際、仕事のテキパキ度は半端でないという話をよく聞く。同僚がもたもたしていると、「何やってんの？　とろいわね！」と叱り飛ばすらしい。

特に、容貌と愛嬌だけが取り柄の女子が嫌いらしく、秘書課ではずいぶんと同僚とやりあったらしい。

エリートであるはずの彼女が３課に〝シベリア送り〟になったのも、そんな協調性のなさが原因だとか。

正直、私にとって苦手なタイプ。それでなくても、苦手なタイプが多い私にとって、10種類以上に及ぶ私の苦手なタイプの中でワースト３には確実に入るタイプだ（ちなみに倉井係長もワースト３に入る）。

そんな彼女が、私の部下になった。

うげっ。初めての部下としては、ハードル高すぎませんか？

「へー。主任さんですか。よろしくご指導願います」

挑戦的な目つきで放った挨拶の言葉には、「お手並み拝見」の本心が透けて見える。うー。やだ。やりにくい。

倉井係長が出した指示はたった一つ。

「とにかくミキティに預けたから、あとは頼むぞ」

ま、丸投げですか。

ということで、彼女も私と同様、売れ残り商品の電話がけの仕事から入ってもらうことになった。仕事のやり方の説明をしている最中、じーっと私の目を挑戦的な目つきで覗《のぞ》き込んでいる。視線に耐えられなくなった私は、「とにかく、やってみないとわからないと思うから、とりあえず電話がけを始めてみて。何か困ったことが起きたら、その都度、声をかけてくれればいいから」と、突き放してしまった。

これが初日のやりとり。

いま思えば、この時までは幸せな日々だった。

夜叉との対決 Round1

彼女が電話がけの仕事にとまどっていたのは、せいぜいはじめの3日ほどだった。隣で彼女のセールストークを聴いていて、日に日に上手になっていくのがわかった。3日も経つと、いまにも注文が取れそうな雰囲気が漂っていた。

彼女の机には、営業関係のビジネス書がなんと10冊以上も積まれている。

ひょっとして、それ３日で全部読んだわけ？　まさかそんなわけないわよね。

彼女が初受注をゲットしたのは、配属されて５日後のことだった。

「ふう。やっと取れたわ。ちなみに日向先輩は配属されてから何日で取れたんですか～？」

ぐっ。嫌なことを聞くなあ。

「そうだなあ。私は要領が悪かったから、１カ月半くらいかかったかなあ」

嘘をついても仕方がないから正直に答えると、彼女の顔つきが一変した。

「なんですか、それ。私が要領のよさだけで取ったということですか？」

えっ？　いや、そんなつもりで言ったんじゃないんですけど。単に、私はとろかったという話をしたかっただけで……。

しどろもどろになっていると、彼女はこう畳みかけてきた。

「いいですか。日向先輩。言っておきますけど、私は戦略的にこの仕事に取り組んでいるんです。私には電話営業の経験はありませんから、まずは関連書籍を購入し、一般的なやり方をまず押さえ、その上で、営業部門の成績優秀者にヒヤリングを重ねたんです。さらに、製造部門の担当者にも、製品の特徴についてしっかりと聞き込みを致しました。これだけの準備を整えつつ、セールストークを練り込み、実践で活用しながら、日々改善を図っていったのです。日向先輩が仕事を終えて帰宅されてからも、私はこうした努力を必死に続けて、今日の受注に至ったんです。それを〝要領〟とか〝運がよかった〟とかいう一言で片づけられてはたまりません！」

ひぇー。何、この人。そんな深い意味で発した言葉じゃなかったのに。というか、「要領」とは言いましたが、「運がよかった」とは言っていませんけど。

唖然としながらも、ここは一応先輩。上司として、主任として、なんとか格好をつけなければと、慌ててフォローした。

「い、いや、ごめん。そんなつもりじゃなかったのよ。ただ、すごいなあと思っただけで。気に障ったら、ごめんね。でも。5日で初受注なんてすごいじゃない。本当におめでとう」

こう言いながら、自分で自分の顔が引きつっているのがわかる。すると、今度はなんとこう突っ込んできた。

「5日で初受注のどこがすごいのでしょうか。これまでの4日間は、ただ電話代だけを使っていたということですよ。1円も稼ぐことなく。しかも、私の人件費や事務所の光熱費を考えたら、もっと大きな損失を会社に与えていることになります。そう考えれば、注文がゼロなんて考えられないことです」

あ、あんたは社長かーっ。さすが元社長室秘書。ご意識だけは社長レベル。

ご説ごもっともとはいえ、この人、なんか面倒くさい。

茫然としていると、彼女はヒートアップしてきたのか、ついに私に向かって説教を始めた。

「そもそも営業の意識がそんなに低いから、わが社の業績はいま一つなのではないでしょうか。少なくとも役職者ともなれば、そのくらいの意識は常識でしょう。お見受けしたところ、日向先輩はこの5日間、注文を一つも取られていないようですが、どうなっているのでしょうか。その間の経費を役職者としてどうお考えなのでしょうか？　私の仕事に難癖をつけている暇があったら、まずは先輩としてお手本を示してくださいよ」

さすがに、引っ込み思案の私も、この辺で、思わずカチンと来てしまった。

「ちょっと待ってよ。難癖なんかつけてないでしょう。第一、1回注文取ったくらいで、何偉そうなご高説をたれているのよ。何か言いたいことがあるなら、

もっと実績を上げてからにしてくれる？」

言ってから、すぐに後悔した。

生井さんが〝夜叉〟のような顔で私を睨《にら》んでいた。思わず、ぞわっとした。いま、自分の表情が恐怖で凍りついているのがわかる。一線を踏み越えてしまったのがわかった。

だけど、彼女はそれ以上反撃してこなかった。

絞り出すような声で、「わかりました。すみませんでした！」と頭を下げると、どこかに行ってしまった。

この日から、私の日常生活は〝地獄〟と化した……。

夜叉との対決
Round2

彼女の仕事ぶりは凄まじいの一言だった。

5日で初受注をゲットしてから、その3日後に、次の受注を決めた。それからコンスタントにほぼ毎週のように受注を決める。1件あたりの金額は小さいが、配属されて2カ月経ったいまでは、件数ではすでに私の今年の数字を抜いてしまっている。このままだと、金額ベースでも抜かれてしまう。私の成績は下降気味だ。

言い訳をするわけではないけれど、この2カ月間は、本当に針のむしろだったからだ。

彼女が注文を決めるたびに、勝ち誇った顔をして睨んでくる。私が注文を決められずに退社すると、露骨に軽蔑のまなざしを送ってくる。だから、電話での営業トークも、隣で生井さんに聞かれていると思うだけで、こわばってくる。そんなんでサクサクと注文が取れるはずもない。

あの日以来、彼女とはまともに口はきいていないから、静かな目線だけのやり取りが続いている。いわゆる〝冷戦〟状態だ。こういう緊張状態に耐えられる私ではない。毎日が苦痛だ。でも、こないだみたいに、一方的にまくしたてられるようなことがないだけ、まだマシだった。

その均衡が破れたのは、彼女がついに大口の受注をゲットした日だった。

「ありがとうございました！」

受注を決めた電話を置くと、「いやー、長かった」と独り言をつぶやいて、隣席の私のほうに顔を向けてきた。嫌な予感がする。

「日向先輩。ちょっとよろしいですか？　ひょっとして、最近、何か調子でも悪いんですか？」

え？　どういうこと？　何が言いたいの？

「いやあ、最近、先輩、営業の成績がサッパリじゃないですか〜。そりゃ人間ですから、調子の良し悪しはあると思うんですけど、でもこの1カ月くらいはほとんど注文取れていないみたいだし。それで、私ちょっと思ったことがあるんで、申し上げてよろしいですか？」

いや～。せっかくですが、よろしくないですけど。忙しいし。うざいし。大きなお世話です。とても口に出しては言えませんが。もごもごと返事をごまかしていると、次の矢が飛んできた。

「でも、先輩、こないだ言ったじゃないですか。言いたいことがあるなら、実績出してから言えって。だから私、あれから2カ月も必死に頑張って成果を上げたんですよ。先輩の数字を追い抜かなきゃ、ここでは物も言ってはいけないということなので。いまやっと、大口の注文をいただけましたんで、これで先輩の数字を件数でも金額でも抜いたわけですから、私の話を聞いてもらえるはずですよね」

まじすか。２カ月間、ずっとこの時を待っていたのですか？　ひょっとして蛇年生まれですか？　ずいぶん執念深いご性格のようで。なんて言ってる場合じゃない。ひょっとして、私いまピンチ？　２カ月分の復讐をこれからされるわけですか。こういう時に限って倉井係長はいない。いても役には立たないだろうけど。

仕方なく、体を彼女のほうに向けて聞く態勢に入る。なるべく平静に見えるように、「で、何？」と返事をしたら、声がかすれてしまった。ああ、やっぱり私、動揺してる。このビビり症の引っ込み思案の性格はなかなか直らないっ。

それから始まった彼女の２カ月分の攻撃は、「苛烈《かれつ》」の一言に尽きた。

「私、思うんですけど、先輩は、もう少し話し方を改善されたほうがいいのではないでしょうか？　隣で聞いていていつも気になるんですが、先輩の声は小さくて聞き取りにくいんですよ。だから相手は何を言っているのか、わからないと思うんです。だから、もっとハキハキとお話になられるといいと思うんです。なんならボイストレーニングっていうんですか？　ああいうのをお受けになるといいのではないでしょうか？　いや、これは個人的に恨みがあって指摘しているわけじゃないんです。営業３課全体の成績を上げて会社に貢献するためには、やはり一人ひとりの営業能力を高める必要があるはずです。それに、自分の欠点って、やはり自分ではわからないものですから。そう思って、差し出がましいとは思ったのですが、気づいた点を申し上げているんです。ほら。今回は幸運にも私は成績を上げて、実力を証明したわけですし。ある程度は意見を述べてもいい立場になったと思うので。それと、ついでに言わせていただくと、身だしなみとか服装とかも気をつけられたほうがいいのではないでしょうか。いくら電話で見えないからといって、やはり雰囲気というのは伝わると思うんですよ……」

マシンガントークというのは、こういうのを言うのだろう。私の話し方の癖、服装のセンスからお化粧の仕方、商品知識、はてまた日本経済全体の動きをもっと勉強すべきことまで、速射砲のように一気にまくしたてた。

最初はただ呆気にとられていたが、だんだん彼女の話が、私の人格攻撃に移ってくると、次第に平静でいられなくなってきた。

「あ、そうそう、話し方で一つ言い忘れたんですけど、声のトーンも、もう少し明るくされたほうがいいと思います。日向先輩は名前と違って、少し声が暗いというか、沈んでいるんですよ。これは決して相手に好印象を与えていません。もって生まれた性格かもしれませんが、主任になられた以上、責任ある立場ですから、ある程度の自己変革をなされたほうがいいですよ」

黙れ。

思わず、小さな声でつぶやいた。相手はよく聞こえなかったようで、「えっ？いま何か言いましたか？」とつぶやいた後、また「で、先輩の暗さは、まわりに伝染するから、本当に困るんですよ」と、攻撃の手を緩めない。

いいから、黙ってよっ！

今度は大声で叫んだ。すると相手は「は？」と怪訝な表情を浮かべたが、「私は先輩の許しを得て話しているんですから黙れはないでしょう。それって横暴じゃないですか」と言い返してきた。

ここで、いつものように激しい感情が込み上げてきて抑えきれなくなった。

「うるさいわね。黙ってって言ったのよ！　何よ。自分の欠点くらい言われなくてもわかっているわよ。一瞬、営業成績で抜いたからって、いちいち勝ち誇らないでよっ」

言いながら涙があふれて止まらない。鼻水も出ている。はたから見たら、かなり見苦しい状況だ。

私の絶叫を聞いて、生井さんは一瞬、怯んだ表情を見せたが、すぐに冷たい表情に戻ってこう言った。

「先輩。ひょっとしてテンパってるんですか？　こんなことくらいで感情のコントロールを失ってしまうなんてビックリです。そんなんで主任が務まるんですか～。もうちょっとしっかりしてくださいよ」

息をのんだ。ダメだ。絶対にこの娘には敵わない。

私は泣きながら部屋を飛び出し、久しぶりにあの部屋へと駆け込んだ――。

第2話

どちらがどちらに？

「おー。久しぶりだなあ〜」

健康相談室の立花先生は、能天気な声でそう挨拶するや、涙と鼻水でぐちゃぐちゃになった私の様子を見て、あらら？という表情になって、「まあ、かけなよ」とコロのついた椅子をこちらに押し出した。

ここに来るのは何カ月ぶりだろう。

積もる話もあって、1時間半くらい、これまでの経緯をまくしたてた。

生井公子という優秀な後輩が配属されたこと。

仕事ができるのはいいけど、やたらと突っかかってきて困ること。

私は何もしていないのに、会話が攻撃的になってしまうこと。

それでこちらもつい、売り言葉に買い言葉で相手を刺激してしまうこと。

しかも、仕事の才能も、実績も向こうのほうが上なので、先輩としてプレッシャーを感じていること。

その上、相手が自分の劣等感を刺激するようなことばかり言ってくること。

一通り話を聞き終えると、立花先生は、「いやー。君も成長したなあ」と言った。

は？　どこが成長ですか。いま挫折して、打ちひしがれて、立ち直れないほど心にダメージを負っているんですが。

「だって、その後輩は、なんのかんのと君に突っかかってくるんでしょ。それも異常なほど」

そうよ。だから困っているのよ。

「しかも、相手は優秀なんだよね。好きか嫌いかはともかくとして」

そうよ。どう考えても私より優秀よ。どっちが先輩かわからないくらい。

「ちなみに、どこが優秀なの？」

「そりゃ、出ている大学も、私のような二流じゃないし。ものすごいスピードで本が読めるし。セールストークも驚くほど流暢に話すし。頭の回転も速いし。努力家だし。実際、私より早く初受注にこぎつけたし。その後の成績も、私のはじめの成績とは比較にならないほどすごいんです」

「そりゃ、すごいなあ。いまの話を聞いていると、彼女は素質がある上に努力もしている。そりゃ素晴らしい成績を収めるのも不思議ではない」

そうよ。悔しいけど、そうなのよ。

「じゃあ、なんで、そんな素晴らしい彼女は、いちいち君に突っかかってくるんだろう」

そんなこと知らないわよっ！　わかんないから、ここに相談に来てるんじゃない。でも、そうは言えないから「はあ、よくわかりません」と曖昧《あいまい》に答えた。

「そう言わずに、ちょっと落ち着いて考えてみようよ。とにかく彼女は、君のやることなすことが気に障るように見えるわけだよね？　君の話を聞く限りでは」

　そうよ。そうなのよ。

「なぜだろう」

「そりゃ、私がとろいからでしょう。実際、要領悪いし、暗いし、成績いま一つだし、どうせ二流大だし」

「あはは。久しぶりに〝どうせ〟が出たね」

　あ。すみません。でも、こんな時くらい出ますよ。

「確かにね。テキパキ仕事をするタイプの人が、要領の悪いもたもたした人を見ると、イライラするということはある。でも、聞いている限り、生井さんの君に対する感情は、そのレベルを超えているような気がするよ。一つ聞きたいんだけど、彼女がいつも君のことをじーっと観察しているように感じたことはないかな？」

ああ、あります、あります。観察というか、監視というか、ずっとチェックされている気がして、いつも重く感じていました。先生の指摘に思いっきり頷くと、先生は不思議なことを言った。

「うーん。じゃあ、ほぼ間違いないと思うけど、彼女は君に嫉妬しているんだよ」

は？　嫉妬？　まさか。彼女が私に？　私が彼女に、の間違いじゃないですか？

「いや、彼女は君に嫉妬している。いいかい。君はまだしょぼーい自己像を抱きしめているようだけど、客観的な状況を改めて整理してみよう。君は、20代の若さで主任に抜擢された。〝シベリア〟のはずの営業3課にいながら、営業成績でベスト10に入っている。今期はちょっと調子が悪いかもしれないが、ここ2年ほどの実績はそうだよね。これって、普通ではない状態だよ。しかも、一流大出身でもなく、立て板の水の弁舌があるわけでもなく、専門知識が圧倒的でもない。なのになぜかちゃんと結果が出ている。これは十分に〝嫉妬〟の対象になるんだよ」

ええーっ。そんなふうに考えてみたこともなかった。

「でも、先生、やはりどちらかと言えば、私が彼女に嫉妬していると思うんですけど。あんな美人だったらいいと思うし、あんなに頭がよかったら素敵だと思うし、あんなに上手に喋れたらカッコいいと思うし、あんなに努力家だったら私ももっと違った人生になっていたと思う」

「うん。確かに、君が嫉妬している部分もあると思う。でもね、君の素晴らしいところはそういう自分の感情を素直に認めることができるところだよ。しかも、今日の後半の話はずっと彼女のことを褒めているよ。なんだかんだ言いながら、彼女の才能や努力を肯定しているわけだ。そういうところは、本当に素晴らしいと思うよ」

　急に褒められて、ちょっとどぎまぎする。でも、少しずつ気分が落ち着いてきた。

「で、今日の結論として言いたいのは、君から見ても客観的に見ても、とても優秀な彼女が、なぜか君に嫉妬している。つまり、君には優秀な彼女に嫉妬されるだけのものを持っているということだよ。その点は自信を持つべきだ。だから僕は『君は成長したなあ』と思ったんだ。嫉妬される存在になるってある意味で大変なことだよ。その観点で、ぜひ、彼女の言動を観察してみるといい。少しは気にならなくなるはずだよ」

　うーん。また、うまいこと言いくるめられているような気がする。正直、これで根本解決になるとは思わなかったけれど、自分が嫉妬の対象になっているなんて思ってもみなかった。本当だろうか？　まだ心のもやもやが残っていたけれど、彼女が本当に私に嫉妬しているのかどうかを確かめたくて、とりあえず、今日は失礼することにした。

「つらくなったら、またおいで」

ああ、やっぱりここに来ると、少し気分が落ち着く。

終わらない攻撃

それからは努めて心の平静を保つように心がけた。

生井さんは、たまに私を見下すような視線を送ってくる。私が注文を取れずに受話器を置く時などに。「やれやれ」という表情をするので、「そんな話し方ではムリムリ」みたいなことを思っているのだろう。

そして自分が注文を取れた時には、勝ち誇った表情で睨んでくる。「こうすれば取れるのよ」とでも思っているに違いない。

正直、うざいし、面倒だし、心も揺れる。私の仕事ぶりをじーっと見てるので、電話もかけにくい。もともと、人に見られていると思うだけで、アガってしまうタイプだし。

だけど、立花先生に嫉妬の話をされてから、ずいぶん楽になったことは確かだ。

実際、向こうにしてみれば、なんで私が主任で、彼女がヒラなのかが納得いかないのだろう。彼女の方が頭脳も実績も美貌も上なのだから、納得いっていないのがよくわかる。でも、そんな彼女の感情がわかってくると、面倒ではあっても、いちいちうろたえなくなった。このまま成績を積み上げれば、来年とかにでも十分昇格できるはずだから、それまでの我慢なのに、何を焦っているのかしら？と思ってしまう。

立花先生の言うように、本気で私に嫉妬しているとは思えないけど、実力が自分より下なのに、立場が自分より上という状況が許せないさまは伝わってくる。

でも、相手の気の障りどころが見えただけで、こちらの気分はずいぶん楽になった。

本当に不思議なことだけど、状況は一切変わっていないのに、事態の解釈をちょっと変えただけで、ずいぶん心の中の波立ちは収まった。

そんなふうに、ただただ自分の心が乱れないようにと頑張っていたら、ぽろっと大口の受注が取れてしまった。

それはもうかつてないほどの大きな受注だったので、営業3課全体で盛り上がった。

特に、倉井係長の盛り上がり方はバカ丸出しで、「いやー。俺は信じていたんだよ。いつか君はやると思っていた。俺の眼鏡に狂いはなかった。きっと俺の任せて任せずの絶妙な指導が効いたに違いない」などと、終いには自分を絶賛しはじめたので、失笑するしかなかった。

課員全員に拍手で祝ってもらって、ほくほくしていると、ふと遠くで何か視線を感じた。

彼女が青ざめた表情でこっちを睨んでいた。

ヤバい。危険を察知した私はとりあえずトイレに逃げようとしたが、甘かった。むしろ、相手を誘い込む結果となった。３課の部屋を出たところで、生井さんの鋭い声が後方から飛んできた。

「私、納得いきません！」

うわー。きた――っ。

「こんな偶然みたいな形で大口受注を取るなんて、納得いきません。私は先輩よりたくさんの本数の電話がけを毎日してます。先輩より朝早く来て、夜遅くまで仕事してます。先輩よりも本を読んで勉強してます。それで、先輩よりも多くの受注をもらってます！　それなのに、しどろもどろの電話をもたもたかけているだけの先輩が、偶然大口受注を取って、それで成果になるなんて不公平です」

　うーん。その通りなんだけど、なぜか取れちゃったのよ。私にもわかんないのよ。その仕組みをどうしても知りたければ、神様にでも聞いてよ。

　でも、彼女の異様な〝暴れ方〟を見ているうちに、なぜか彼女の限界が見えてきたような気がした。ひょっとして、彼女のほうがいっぱいいっぱいになっているのでは？

　立花先生が、嫉妬しているという話をしていたけど、その話を聞いて以来、彼女の「焦り」が伝わってきて、だんだん痛々しく感じるようになっていた。

それでつい「仕返しをしたい」という思いが湧き上がってきた。これまで、ずいぶん失礼なことを言われた。気が小さくて言い返せなかったけど、いまなら言えるかも。

「なぜ、そんなに焦っているの？」

彼女はえっ？という表情を浮かべて動きを止めた。

「なんで、そんなにムキになるの？　私より早く注文をゲットして、私よりたくさんの注文をもらっているのに、なぜ、すべてにおいて私に勝とうとするの？　私はあなたの敵ではなくて同僚なのに。競争相手は私ではなくて、ライバル企業のはずでしょう。なぜ私に勝つことばかりを考えるの？　どうしたいの？　主任になりたいの？　単に私に勝ちたいだけなの？　私は単に自分のペースで仕事をしているだけよ。何が気に入らないの？」

思わず、こんな言葉がスラスラと口をついて出た。自分で自分のしていることが信じられない。

何かが彼女の心に刺さってしまったのか、私の反撃に対して、彼女は絶句している。大きな目を見開いて、いまにも泣き出しそうになっている。何かが「いまが反撃のチャンス」と耳元で囁いたような気がした。私は一気に畳みかけた。

「いい？　いい機会だから言っとくね。私もバカじゃないから、自分がうまく喋れないことはわかっているし、頭の回転が遅いこともわかってる。要領も悪いし、仕事も遅い。でもこの仕事を3年近くもやっていれば、そんな私でも、〝私なりのやり方〟が見えてくるの。私はあなたより要領が悪かったから、一生懸命本を読んだり、トップ営業の人の話も聞いた。そこでわかったのは、赤面症だったり吃音《きつおん》症だったり、訥弁《とつべん》だったりする人で、トップセールスになった人が驚くほど多かったという事実よ。私は、ずっと流暢に話せない自分にコンプレックスを抱いていた。だから、あなたのような人を見ると、本当にうらやましいし、正直、悔しくもある。でも、うまく話せなくても、誠実に営業をして、真面目に続ければ、必ず後で結果はついてくるの。1、2カ月で見たら、不公平に見えることも起きるけど、1年単位で見たら、驚くほど公平な結果になるのよ。今回の大口受注が私の実力とは言わないけど、長くやっていれば、こういうことも起きて、トータルで報われていくのよ。同僚と競うのではなく、きちんとお客さんと向き合っていれば、それなりの結果を伴う。それだけのことなのよ。あなたを見てると、お客さんと向き合っている感じがしない。私のほうばかり見てる。私に突っかかってくる暇があったら、お客さんのほうを見なさいよっ」

ついに言ってしまった。言ってしまってから、我に返って怖くなった。生井さんの表情が悔しさで歪んでいる。ヤバい。言いすぎたかも……。

生井さんがうつむいたまま、ボソリとつぶやいた。

ずるい……。

え？　いま、ずるいって言いましたか？

「先輩はずるいです。やっぱりおかしいです。努力が報われないなんて信じられないです。私はきちんとお客と向き合っています。先輩よりも努力もしています。営業の技術だって磨きました。それを先輩に対する態度のせいにするなんて、卑怯です。冗談じゃないです。なんで、ちょっと大口の注文を取っただけで、そんなに偉そうなことを言われなくちゃいけないんですかっ！」

いや、私が偉そうなことを言ったのは、あくまでも、あなたがいちゃもんをつけてきたからですけど？

結局、生井さんは、それから約20分にわたって、私に罵詈雑言《ばりぞうごん》を浴びせ続けた。

いかに私がとろいか。それに引き替え自分がいかに優秀か。ついで、そんな私を主任に昇格させたわが社の人事制度の歪みについて一通りまくしたて、自分の能力を評価しない会社がいかに何もわかっていないかを力説した。

ああ、全然伝わらない。どうしよう、何を言ってもダメだ。なんて娘なの。つい憎しみの感情が心に生じてしまう。まずいと思いながらも、抑えることができず、つい言わなくてもいいことを言ってしまった。

「でも、あなたみたいに明けても暮れても先輩の悪口や会社の批判ばかりをしている人は、いくら優秀でも、出世なんかさせられるわけないでしょうに」

それがトドメになってしまったようで、彼女は「じょ、冗談じゃないわよっ！」と絶叫するや、泣きながらどこかに走り去ってしまった。

独り残された私は、茫然と立ち尽くした。一体、この娘にどう対処したらいいの？

鏡の中の自分はどう見える？

その日の夕方。どよーんとした気分で立花先生の部屋にいた。

「先生。今回は、すっかり自信をなくしました」

最初は、彼女のことがとにかく怖かったんです。だけど、先生から「嫉妬されてる」と言われて、ちょっと気が楽になりました。

すると今度は、なんだか相手が小生意気に思えてきて、だんだん腹が立ってきたんです。それで、これまで散々失礼なことをされたから、一気に仕返しをしてやりたいっていう、何か残酷な気持ちが湧き上がってきて……。

それで、今度は相手をひどく傷つけてしまったみたいなんです。

こんな趣旨のことをぼそぼそと話すと、先生はまたもこう言った。

「いや〜。君は本当に成長するなあ」

また、その話ですか。今回はそんなに簡単に説得されるつもりはありませんよ。もう本当に疲れたんです。というか、実際、どうしたらいいんですか。

「対処法はもう決まっているよ。まずは、こうしたライバルの出現を受け入れて、自分の成長の機会につなげること。そして、十分に成長して、相手の追撃を振り切ること。これしかないよ」

言うだけなら簡単な内容ですが、そんなふうにはいきませんよ。

「そうだよね（笑）。では、ちょっと詳しく話そうか。まずはね、前回も言ったけど、彼女が登場したことによって、実は君が成功しつつあることを知る必要があるんだ」

私が成功？

「そう。彼女が君に嫉妬しているという話をしたよね。嫉妬するということは、嫉妬したくなるほど君が成功していることを意味する。したがって、彼女の剥き出しの嫉妬心は、いま君が成功していることを実は教えてくれているんだ。まずここが大事なポイントだ。

次に、彼女がいろいろ気に障ることを指摘してくる点については、こう考えるんだ。彼女は嫉妬心からライバルである君を追い落とすために、必死に君の弱点を研究してツッコミを入れてきている。それだけに彼女の攻撃は正確無比だ。だから君はいつも欠点をピンポイントで突かれて傷ついてしまう」

おっしゃる通りです。

「だから、これも見方を変えれば、彼女は君がもう一段成長するために必要なこと、克服すべき欠点を教えてくれていることになる。考えてみれば、こんなことを教えてくれる人はまわりにいないはずだ。上司も言わないし、友達も言わないし、家族も言わないだろう。傷つけてはいけないと気遣ってしまうからね。その意味で、ライバルの存在はとても貴重だ。そう思って、彼女の指摘を誠実に受け止める。そうすれば、君はさらに成長してしまう」

理論的にはそうですが、感情的にはなかなかそこまで。

「もちろん、感情的に受け入れることは難しいかもしれない。でも、例えば、それを受け入れたとしたらどうだろう。君は一段、精神的に成長してしまう。彼女はムキになって違う弱点を突きはじめる。しかし、君はその欠点も克服してしまう。そんなふうになると、まるで彼女が君を成長させるためにあえて鍛えてくれているような不思議な関係になる。まさにこれがライバルの効用だ」

……。

「しかも、そうして成長することで、相手の嫉妬心を実はかわすことにもなる。そもそも嫉妬して君の成功を邪魔しようとするということは、邪魔をすれば、君を追い抜けると思っているからだ。しかし、ここまで実力が離れてしまっては、とてもじゃないが追いつけない。そう思うところまで突き放すことができれば、彼女の嫉妬や妨害はなくなっていく。草野球の3番バッターが4番バッターに嫉妬することはあっても、イチローに嫉妬することはないでしょ。実力がかけ離れすぎているから」

うーん。また、イチローのたとえですか。別にいいですけど。

「だから、つまり、ライバルの出現を受け入れて、自分の成長の機会につなげること。そして、十分に成長して、相手の追撃を振り切ること。これが結論となるわけ」

確かに理屈ではそうなんだけど、などとぐずぐず考えていたら、立花先生が思いついたようにこうつけ加えた。

「あ、そうそう。こういうライバルが出てくると面倒だから、つい反撃したくなるんだけど、あまりその部分に熱中しないほうがいいよ。相手を潰すことでもって成功するという考え方に入ると、キリのない攻め合いの世界に入るし、何よりも不幸だから。それは彼女を見ればわかるでしょ。いくら美人で頭脳明晰でも、彼女のようになりたいとは思わないでしょ」

思わずギクリとした。彼女に反撃を加えてやり込めた時に感じた、ちょっと残酷な感じの高揚感。あの感情にとらわれるのは、確かに健全でない感じがする。

立花先生の言うことを聞いているうちに、どうすべきかの理屈はなんとなくわかってきた。でも、あの生井さんに対して、本当に、こんなふうに考えることができるのだろうか。正直、ちょっと自信がない。彼女の鋭い指摘に傷つきたくないし、いちいち反撃するのも面倒。かといって、日々、彼女の攻撃を食らいながら、それを達観して自分を高めていくなんて、そんな聖人みたいな心境になれるとは思えない。

いまいち納得いかないような表情に見えたのだろう。立花先生は、しょうがないなあと首を振りながら、「実はこういう話がある」とおもむろにしゃべりはじめた。

「彼女は小さい頃から、可愛い子だったらしくてね。可愛いんで、小学校の先生もだいぶ贔屓《ひいき》したらしいんだ。彼女自身は努力家で頑張ったために成績が優秀だったんだけど、まわりの子がやっかんでね。可愛いから先生に依怙《えこ》贔屓されて、成績をズルして上げてもらったと思われてしまったんだ。それでかなり厳しいいじめに遭ったらしい。

中学校でも同じ状況になって、特にクラスの女子から相当きつくあたられたみたいだ。本人にとっては相当つらかったようだ。努力して好成績を収めているのに、先生に気に入られたおかげだと言われ続けたわけだから。それで彼女は、絶対に贔屓のないところで実力を証明しようとして、名門大学を狙って受験したんだ。

　だけど、彼女への嫉妬はどこにいってもつきまとってね。この会社に入ってからもそうだった。色仕掛けで面接を通過して入社したに違いないとか。社長秘書になったのは愛人になったからだとか。もう言いたい放題言われたらしいよ。それに打ち勝つために、彼女は必死に自分が仕事の実力でいまの立場にあることを証明しようとしていたんだよね。

　成功すれば〝美人だから〟と言われ、失敗すれば〝顔だけが取り柄〟と言われる。ある意味、厳しい人生だよ。こういう背景があって、必要以上にムキになっているところがあるんだ。だから、君は一応彼女の先輩として、上司として、その辺の事情は汲んであげてほしいんだ。

　きっと彼女からは、君は不思議な存在に見えるかもしれないね。取り立てて能力もなさそうに見えるし、獅子奮迅の努力をしているようにも見えない。ビックリするほどの美人でもない。いや、失礼。地味だし、一見パッとしない。なのに、実績を着実に出して、順調に出世している。主任にもなっているからね。でもね、実はこれこそが彼女にとっての理想像なんだよ。ズルをしないで誠実にコツコツとやってきた人が、それなりに報われていく感じ。これこそ彼女がほしいものなんだ。それを手にしている君が羨ましくてたまらないんだ。嫉妬というのは、そもそも自分の理想像に対して感じるものだからね。自分がほしくてたまらないものを手にしている人が目の前にいたら悔しいでしょ。

　なのに、君ときたら、そのありがたみを噛みしめるでもなく、ぬぼ～と生きているように見える。それが彼女の癪に障るんだろう。君からすれば、不思議な感覚かもしれないけれど、これが生井さんの立場から見た、君の姿だ。正直、思ってもみなかったものだと思う。でも、こういう背景を知るだけでも、人はわかり合えると思うんだ。いまは君たちは相性最悪に見えるかもしれないけれど、案外、今度はいいコンビになるかもしれないよ。じっくり時間をかけて関係を修復していくといいよ。そしてくれぐれも嫉妬心がむくむくと頭をもたげてきたら、努力して鎮めるんだ。嫉妬心に駆られて相手を攻撃すれば、それは取りも直さず、自分の理想像を攻撃することと同じだからね。それはお互い損だし、不幸なことだよ」

正直、驚いた。彼女からは、私のことがそんなふうに見えていたなんて。ぼーっとしていると、やはり立花先生がちょっと照れくさそうな顔をして、こう言った。

「まあ、偉そうなことを言ったけど、実はこれも最近読んだ本の受け売りを話してみただけなんだ。ちょうど、大事だと思った部分を抜き書きして読み返していたところだから、これも君に渡すよ。彼女のことで心が波立ってきたら、読み返すといい」

こうして立花先生から渡された一片の紙にはこう書かれていた。

自分の前に、ライバルあるいは敵と目される人が現れてきたときには、他人としての客観的な目で相手をよく観察し、その人の能力や人格、将来性等を判定してみてください。その上で、もし、あなたから見て、「この人には能力も才能も人気もある」と思うような人から、ライバル視されたり、嫉妬されたりしているのであれば、あなたは、自分が思っている以上の才能や能力を持っている可能性が高いのです。

「どのような人が自分の敵として現れてきているか」ということを見れば、自分のことがよく分かります。そのライバルは、鏡のように、あなた自身の姿を正確に映し出しているのです。要するに、あなたは、今、そのライバルが激しく嫉妬し、競合する気持ちを持つような段階にいるわけです。

一方、相手の距離が離れすぎた場合、すなわち、あなたが、その人よりもあまりにも劣っている場合や、その人をはるかに通り越した場合には、もはやライバル関係にはなりません。

つまり、あなたは、ライバルの姿を通して、鏡に映った自分の姿を見ているのです。

うーん。深いなあ。しょうがない。そんなに簡単なことではないと思うけど、少し頑張ってみよう。

◇　◇　◇

本当に不思議なことだけど、生井さんを受け入れようと努力し、なるべく心が揺れないようにしていたら、どんどん営業成績が上がってしまった。

彼女のきつい性格は相変わらずだけど、その努力は実を結んで、大口の受注も徐々に取れるようになった。彼女が来て2年目などは、営業3課から、倉井係長が3位、私が5位、生井さんが8位と、全社のベストテンに3人が入るという快挙を成し遂げた。

そして、倉井係長がついに営業3課の課長に、私が係長に、そして彼女が私の跡を継いで主任に昇格した。

いまでも私は彼女の隙のない緻密な仕事に息が詰まりそうになるし、彼女は私のとろい仕事ぶりに苛立つみたいだけど、たまに一緒にランチに出かけるくらいの仲にはなった。

立花先生が言うように、彼女の存在を通して、自分の長所と短所が明確にわかったのが何よりもありがたかった。きっと生井さんもそう思ってくれていると信じてる。

第3話

管理職の気持ちは誰にもわからない？

言うことを聞いてくれない
部下と向き合うには

重低音の男

ついに係長になってしまった。

係長と言えば、いまは課長となった、あの倉井のポジション。

主任と違って、正式に部下がつく。私の場合は、４人の部下がつく。１人は例の生井さんだけど、残りはみんな男性で、しかも全員年上。

これ、かなりやりにくくないですか。ハードル高すぎです。何考えてんだ、人事部は。

で、嬉しいかと言えば、嬉しくなくもない。でも、どちらかと言えばプレッシャーのほうが大きい。だって、４人よ、４人。いままで生井さん１人しか部下がいなかったのに、突然４倍。生井さん１人だけでふらふらになっていたというのに。生井さん×４なのよ。大口受注を立て続けに取ってしまったのが間違いだった。

むーん。そもそも係長って何をすればいいんだ？

倉井課長に聞いても、「いままでとそんなに変わらないよ！　ただ仲間が増えたってだけだから、心強いだろっ」と、よくわからない説明。仲間ってなんだ？　一緒に冒険でもするのか？

ということで、昇格した初日に途方に暮れていると、目の前に1人の男性が立っていた。

矢藤攻一、36歳。営業3課の主任だ。3課の古株で、もう配属されて8年くらいになるらしい。一応、私が率いる班では2番手の立場になる。

私が配属された時からずっと主任だから、もともとは私の先輩だけど、今回の抜擢で、私が追い抜いてしまったことになる。一緒に仕事をしたことはないから、どういう人かよくわからない。

じーっと、私の前に無言で立っているので、「えーっと。何か？」と聞いてみた。

「指示をください」

は？　し、指示？

「はい。今日から、私は何の仕事を、いつまでに、どれだけやればいいのか、ご指示ください。私だけでなく、ほかに3人のメンバーがいますから、それぞれ指示をいただけますでしょうか？」

え？　そう言われましても、そもそもあなたがいままで何をしていたのか、何が何だかよくわからないんですけども。

「えーと。すみません。私もよくわからないので、とりあえず、昨日まで何をしていたか教えていただけますか?」

正直にそう言ってみたら、「やれやれ」と肩をすくめながら大きなため息をつかれた上、「本当に何も知らないんですか? 4年近くも同じ部署にいて」と言われてしまった。

うー。この人もやりづらい。でも、ゴメンナサイ。全然わかりません。教えてください。

丁重にお願いして、ようやく納得したのか、いかにも「しぶしぶ」といった調子で、現状を教えてもらった。

それでわかったことは、主任の矢藤さんは、かつてわが社のスター商品だったが、いまでは旧モデルとなって残ってしまった在庫をお得意先に売りさばく仕事をしているらしい。生井さんを除く残りの2人も、似たような仕事をしているという。

なるほどー。少しわかってきました。ありがとう。とにかく、頑張ってください。

さあ、では、いよいよ自分の仕事に入ろうと、いつものように電話がけの準備に入ろうとしたら、矢藤主任が、まだ目の前に立ったまま動かない。

あの、まだ何か？

「で、私への指示はどうなったのでしょうか？」

あっ。まだしていなかったっけ。「じゃあ、とりあえず、これまでと同じ仕事を続けてもらえますか？」。

「これまでと同じ仕事を続けろ、ということですね」

ええ。いま、そう言いました。すると、また矢藤主任が「やれやれ」と肩をすくめて、こう言ってきた。

「失礼ですが、もう少し具体的な指示を出されたほうがいいのではないでしょうか。今日は初日ですので、私やほかのメンバーの業務内容について、知識が不十分であることはわかります。しかし、それならそれで、その業務内容について熟知しておくことがまず肝要かと思われます。なぜならば、業務知識に精通していなければ、決してまともな判断ができないからです。日向係長は、これまでと違い、単なる営業部員ではなく、経営幹部の一員として、判断業務を担うことになるわけですから、やはり部下の業務内容について十分に知識を深めておく必要があろうかと思うのですが、いかがでしょうか?」

うおっ。なんだか難しいことを言われているぞ。うーん。この人、生井さんに通じるところがあるような。だとすると面倒だ。

しかも、彼女と違って、ベテランだし、経験もあるし、実績もあるし、実際、そういうことを言っていい立場にもあるし、無《む》下《げ》に否定できない。どうしよう。

あわわ、ととまどっていると、「どうされました。ご判断ください」と、ずずいと迫ってくる。

顔色一つ変えず、冷静沈着な風味で押し込んでくるさまは、新たな恐怖だ。生井さんみたいに、感情的に迫ってくるのも怖いが、無表情で迫られるのも怖い。生井さんの攻撃はキーンと甲高い感じだけど、矢藤主任のそれはサラウンドの重低音でドッドドドと迫り来る怖さがある。

いや、怖さの種類はどうでもいいのよ。め、目の前の事態に対処しなければ。

「そ、そうね。では、きちんと時間を取って、しっかりと教えてくれますか?」

そういうと、ようやく我が意を得たりと、うむと頷いた矢藤主任は、「では簡単な資料をつくりますので、しばらくお待ちください」と言って、ようやく自席に戻っていった。


ふしゅーっ。やっと帰ってくれた。これは先が思いやられるぞ。

結局、その日は、3時間もかけて、業務の詳細について矢藤主任のレクチャーを受ける羽目になった。

矢藤主任のつくった資料は非常にわかりやすく、説明も理路整然として頭の靄《もや》が払われるような思いがした。その様子から、相当地頭がいいのがわかる。この人を係長にすればよかったのに。そう思うくらい優秀だ。

少し理屈っぽくて面倒だけど、頼りになりそうなので、「難しいことはみんな彼にやってもらったらいいや」と、かえって安心した。

しかし、3日後、その考えがとんでもなく甘かったことを思い知る。

迫りくるベテラン部下の恐怖

「ちょっと、よろしいでしょうか」

その日、仕事を早めに終えて帰ろうとしていたら、矢藤主任から呼び止められた。

なんでしょう？と言うと、いくつか申し上げたいことがあるから別室で話したいと言う。いつもの嫌な予感が……。こういう直感は必ず当たるのよ。

会議室の一つが空いていたので、そこに入ってドアを閉めると、早速彼がこう言ってきた。

「日向係長のマネジメントについていくつか申し上げます」

ま、まねじめんとですか？

「一つは生井主任の件です。彼女は営業である程度の実績を上げつつあるようですが、言葉遣いに関しては社会人として問題があります。感情的なブレも激しい。時折、日向係長にも突っかかっているようです。上司として、もう少しきちんとした指導をすべきではないでしょうか。これを放置しておくと、組織としての動きに問題が出ます。本来、年上の私からも注意すべきなのでしょうが、いまは主任で同格でございますので、私からは注意できません。これは日向係長のリーダーシップに帰属する問題かと思われます。

次に、あれから3日も経ちますが、まだ具体的な指示をいただいていません。しばらくは何か戦略を練られていると思っていたのですが、自身の電話営業に熱中するばかりで、戦略策定をされている気配がありません。どうなっているのでしょうか。いまやあなたは一兵卒ではなく、経営幹部なのですから、チームの方針を掲げる必要があります。この点、大いに疑問があります。

第三に、普段の報告・連絡・相談について、まったく統一したルールがないようです。報告したり、しなかったり。連絡があったり、なかったり。朝、ミーティングをしてみたり、しなかったり。この辺がいい加減であるために、チームのトップの方針がわからなくなるのです。我々は、どこに向かっているのか。何をしようとしているのか。それを明らかにする必要があると思います」

聞いているうちに気が遠くなってきた。何を言っているのかさっぱりわからない。

ごめんなさい。3日ではまだわからないの。それに生井さんについても、前に比べればかなりよくなったのだから、我慢してほしいの。もし、どうしても言いたいことがあるなら、先輩として矢藤さんから言っていただけないかしら。

というようなことを、あたふたしながらお願いすると、ビシッと反論された。

「お断りします。生井主任の指導は私の仕事じゃないでしょう。なぜ、主任の私が主任の生井さんを指導するのですか。いくら先輩でも、年上というだけで、上から目線で指導したら、彼女に失礼でしょう」

い、いや、でも、彼女の態度が気になってるのは、私でなくて、あなたなんだし。そう思ったけど、うまく言えない。

「冗談ではありませんよ。上司から言いにくいからといって部下に押しつけるとは何事ですか。これは係長の指導力の問題だと思います。

それよりも、報告・連絡・相談のあり方については、どうお考えでしょうか。定期的にミーティングを開くなら開く、しないならしない。ある程度ルールが必要だと思います。チームの戦略は3日では無理としても、このレベルの問題なら、すぐに方針は立てられるでしょう」

そうは言いますが、そもそも倉井課長が係長の時代も、やったりやらなかったりでかなりいい加減だったような。私はただ、そのノリでやっているだけですが、なぜ急にそんな堅苦しいことを。

「倉井課長はああ見えて、部下の一人ひとりの仕事の状況をしっかり把握されていました。それにひきかえ、あなたの場合は、４人の部下の状況を正確に把握しているとは思えません。だから私は心配して申し上げているのです」

い、いや、じゃあ、週に1回ほどやりましょうか。ミーティングとやらを。

え、いつですかって、じゃあ、とりあえず明日にでも。なぜ明日かって？　いや、深い考えはないのですが。あーもー、どうしろって言うのよ。

「わかりました。では、とりあえず明日ということで手を打ちましょう。しかし、来週には、どのようにすべきかきっちりとした方針を立てていただければと思います。よろしいですね」

は、はあ。わかりました。

って、なんで私が命令されているのよ。よくわからないけど、完全に矢藤主任に振り回されている私。こんなんで大丈夫かしら。

しかし、係長ライフの本当のつらさは、これからだった……。

竜虎対決と意外な敗者

係長になって2週間ほど経ったある日のことだった。

突然、言い争う声が前方から聞こえてきた。ふと顔を上げると、矢藤主任と生井さんが激しい応酬を始めていた。

「どういうことですかっ。聞き捨てならないですね」と生井さんがいきり立っている。すでに〝夜叉面〟に変身している。

「そうやって、いちいちカッとなるのをやめたらどうですか。一応主任になったわけだし」

「一応って何ですか。私が主任になったことが気に入らないんですか」

「そんなこと一言も言ってないでしょう。あなたのその言われてもいないことを言われたことにして、独りでキレてしまう癖は改めたほうがいい。傍から見てるとバカみたいですよ」

「バ、バカと言ったんですか、いま。いくら先輩でもそれは失礼でしょう」

「バカとは言ってません。バカみたい、と言ったんです」


むふー。頭がくらくらしてきた。いつかぶつかるとは思っていたが、まさかこんな子供の言い合いのようなベタな喧嘩をおっぱじめるとは……。

ここは上司として止めに入るべきなのか。いや、しかし、わが社が誇る屁理屈大魔王の２人の間に入るなんて、無謀にもほどがある。かといって見て見ぬふりをするには、２人の声は大きく部屋中に響き渡っている。というか、私がこの場をどう収めるのか、社員たちの興味津々という空気を感じるのは気のせ

いか？

あのう、２人とも落ち着いて……。

ささやかに割って入ろうとしたが、まるで聞こえていない。

仕方がないから、席を立って２人に近づいた。

「どうしたんですか。２人とも。落ち着いてください」と言ってみた。

すると生井さんが「係長！」と叫びながら、振り返って、こう言った。

「聞いてください。矢藤主任が、私の電話の仕方が下手だって難癖をつけてくるんです」

「難癖ではなく、アドバイスをしていたんだ。君の電話はテキパキしすぎていて、相手にプレッシャーを与えているから、少しゆっくり話したほうがいいと言っただけでしょう」

それは的確なアドバイスかも。

「でも、私は私なりに一生懸命やっているんです。それを上司でもないのに、いきなり私のやり方に口出しするなんてひどくないですか」

あれ？　あなたこそ、ヒラ社員の時に、上司である私の電話の仕方について激しく突っ込みを入れていませんでしたっけ。

「まあまあ、いいじゃないですか。お互い気にしないようにしましょうよ」と、とりなしてみた。しかし、この言葉が火に油を注ぐ形となった。

「気にしないってどういうことですか。間違った電話のかけ方は早く改善したほうがいいですよ」と矢藤主任。

「こんなに恥をかかされて気にするなって、恥のかき損じゃないですか」と生井さん。

ひーっ。2人とも落ち着いて――。

「そもそも、係長はどう考えているのですか。生井主任の電話のかけ方について、上司としてきちんとアドバイスすべきでしょう」

「いや、逆に、人の仕事に口出しばかりしている矢藤主任の仕事の姿勢について、係長はきちんと注意すべきですよっ」

ヤバい。いつの間にか矛先が私のほうに。

軽くあしらって、うまくこの場をごまかそうと、つい、こう言ってしまった。

「い、いや、とにかく、そんなことでもめていないで、２人とも大人なんだからね。バカなことで言い合っていないで、適当に収めてくださいよ」

２人の顔色がさっと変わった。言ってすぐに失言したことに気づいた。

「いまバカなことって言いましたか」

「本気で言ってるんですか」

２人とも、完全にスイッチが入ってしまっていた。

「いや、ごめん。そういう意味じゃなくて」と打ち消そうとしたけど、遅かった。

「まあ、係長がそういう態度であれば、適当に流しましょうか」

「そうですね。大した問題ではないということですし」

ふてくされた表情で２人は席についた。私も席に戻ったが、３課の空気は完全にシラけきってしまった。残りのメンバーも憮然《ぶぜん》とした表情をしている。

本当にまずい。部下の気持ちが完全に私から離れたのがわかった。そして、その修復がかなり難しいことも……。

先手必勝こそ仕事道の理

私は久しぶりに健康相談室で、愚痴をこぼしていた。

いやー、先生、やってらんないですよ〜。なんで私は係長なんかになってしまったんでしょう。あれから部下は誰もまともに口を利いてくれないんですよ。返事はしてくれるんですけど、いかにも心のこもっていない「はあ…」みたいな返事しかしてくれないんです。確かに私の対応は悪かったとは思います。でも、本当にあの2人の言い争いはしょうもなかったんですよ。だからつい「バカなこと」って言っちゃったんです。

そしたら2人ともすごい形相《ぎょうそう》をして私を睨むんです。矢藤さんは鬼みたいな顔をするし、生井さんは夜叉みたいになるんですよ。見たことありますか。そりゃあ、とっても怖いんですよ。

なんで私ばかりこんな目に遭うんですか。こんなことなら、ヒラ社員のままで電話がけしてたほうが幸せだったですよ。給料なんか安くてもいいから、平穏な毎日に戻りたいですよ〜。はあ。

立花先生はいつものように辛抱強く私の話を聞いてくれた後、こう言った。

「まさに洗礼を受けたって感じだね」

洗礼？　そんなもんいらないんですけど。

「まあまあ。抜擢されて、はじめからうまくいくことはないよ。舞い上がって、いきなり上から目線で部下に命令してヒンシュクを買ったり、何をしていいのか頭が真っ白になって茫然としたり……」

あ、私、その後ろのほうのパターンです。

「要するに、自信がなくて、明確に指示出しもできず、部下に気を遣いすぎてかえってバカにされて、ますます言うことを聞いてくれなくなる……」

あー。痛いです。そんな感じです。

「で、君は何をどうしたいんだい？　どんな上司になろうと思っているのかな？」

いや、そんなことを言われても上司になったのは初めてだし、全然わかりません。

「誰か、理想の上司というか、こうなりたいという目標になるような人はいないの？」

反射的に倉井課長の顔が頭に浮かんだが、慌ててすぐに打ち消した。あの人は決して理想ではない。上司と言っても、彼1人しか知らないから、その顔が浮かんでしまっただけだ。

「うーん。つかみどころがないなあ。じゃあ、仕方ないから、当てずっぽうに話すね。違和感があったり、事実と違うことがあったら、適当に突っ込んでくれる？　これはあくまでも、君の心の中のもやもやを明らかにするためのものだからね。いい？」

はい。いいです。

「たぶん、君が考えるあるべき上司の姿というのは、仕事ができて、積極的で明るくて、物わかりがよくて、部下から慕われ、尊敬されているというイメージかな」

　うおー。まさにその通りです。なんでわかるんですか？　ひょっとして霊能者とか？

「いやいや。誰でもそんな理想像を描くんだよ（笑）。でも、そんな上司は現実にはまずいないよね。正直、自分自身、その理想からほど遠いことを誰よりもわかっているはずだ。そこで、理想ではない自分に幻滅して、自信を失ってしまう。そして、その自信のなさがそのまま出てしまう人もいれば、人によっては自信がないことを悟られないために、虚勢を張ってかえって強く出てしまうこともある」

　少なくとも、虚勢を張る方向には行っていないような気はします。で、それはそれとして、私はどうしたらいいんでしょう。

「で、具体的な処方箋《しょほうせん》だけどもね」

　それよ、それ。それを早く言ってください。

「君の場合は、虚勢を張って強がることはないだろうし、自分の非力さを素直に感じているとも思う。だったら、それを正面切ってハッキリと認めてしまうんだ。〝私には知識も経験もありません。だから一人では仕事を進めることができません。みなさんの協力が必要です。ぜひ仕事を手伝ってください。もし、私が間違っていたら遠慮なく指摘してください〟と言い切ってしまうんだ。人間にはプライドがあるから、これはとても難しいことなんだけど、案外君ならできるかもしれないよ」

いやー、でも立花先生。実は、私、そのつもりでやっていたんですけど、なんか、ただナメられてしまうだけのような……。

「いや、仕方なしに助けてもらわざるを得なくなる、というのと、〝助けてください〟と指示出しするのとでは、似てるようでまったく違うと思うよ。もっと腰を入れて、自信を持って手伝ってもらうんだ。ただ、自分1人では仕事はできないという当たり前の事実を認めるだけでいいんだ」

それって、単なる「開き直り」では？

「まあ、いいから試してみたら？　何事も試行錯誤だから気楽にやってみようよ」

先生、他人事のように言いますが、３課のあの冷たい空気はなかなか厳しいんです。

「じゃあ、もう少し背景を説明するよ。なぜ、こちらから歩み寄る必要があるかというと、相手に自分の言うことを聞かせてやろうと思っているうちは、なかなか相手は心を開かないからだ。特に年上の部下はプライドもあるしね。それよりもまず、自分のほうから相手の言うことに耳を傾けることが大事なんだ。ポイントは、人の心は支配できないけど、自分の心は支配できるということ。相手に言うことは聞かせられないけど、自分が相手の言うことを聞くようにはできる」

それって敗北じゃ……。

「確かに、一見、負けているように見えるけど、騙されたと思ってやってごらん。案外、こちらから頭を下げてしまうと、あっけなく事態は変わるよ。〝相手が変われば自分も変わる〟と思ってると、永遠に何も変わらないけど、〝自分が変われば、相手が変わる〟ことがあるんだ。不思議だけど、そうなることが多いから、試してみなよ。どうせ、厳しい状況なんでしょ。やってみるだけなら損しないから。きっと〝思い〟を変えることの威力を実感することになると思うよ」

うーん。本当かしら。格闘技では先に動いたほうが負け、とよく言われるような気がしましたが。この場合は、逆というわけね。それもそうか。これは格闘技ではないし。部下は敵ではないもんね。

よし。いつまでも愚痴ばかりこぼしているわけにもいかない。頭を整理して、少しでも前に進んでみよう。

管理職は寂しさを超えて

２日後、いろいろ考えた末、私は１人ずつ呼び出して、正式な指示を出すことにした。

まず矢藤主任。ここが一番緊張した。

「いろいろ考えたのですが、やはり私は若輩者で経験も知恵もないので、ぜひ矢藤主任に助けていただきたいのです。チーム全体の方針についても何をどう考えればいいのか正直わかりません。なので、一度矢藤主任のほうで、チーム全体の方針を考えていただけないでしょうか。私としては、矢藤主任の提案に、私なりの意見も多少ながらつけ加えさせていただいて正式なチームの方針にしたいと思うんです。ほかにも、矢藤主任には、〝私だったらこうする〟という意見をどんどん上げていただきたいと思います。最終的な責任は私が取りますので、ぜひ矢藤主任の長年にわたって研鑽《けんさん》を積まれた知識と経験を私に提供していただきたいのです。頼りないと思うかもしれませんが、これが私の指示です」

こんな調子で言ってみたら、最初は冷ややかな感じで聞いていた矢藤主任が、だんだん満更でもない顔になってきたのには驚いた。「仕方ないなあ。経験の浅い上司を持つと苦労するなあ」などとぼそぼそつぶやいていたが、表情のほうはすっかりほころんでいる。普段の冷徹な感じが消えていた。頼りにされてほくほくしているようだ。

生井さんにはこう言ってみた。

「正直、私は初めての管理職でマネジメントとかリーダーシップとか、学ばなければいけないことがたくさんある。なので、これまでのように営業成績が上がらなくなるかも。だから、その分、生井主任には、営業3課の実質的なエースとして頑張ってほしいの。それで実務面においても、抜けや漏れの多い私の仕事をサポートしてほしい。緻密で隙のない仕事をする生井主任ならその点、とても安心できるから」

生井主任も、矢藤主任同様、話すうちにほくほく顔になってきた。「そうよ。当然、私はエースの扱いを受けるべきよね」といった趣で私の話を聞いている。

ほかの2人にも、同様に、「私に教えてほしい」「私を支えてほしい」と丁寧にお願いした。

2人とも快く了承してくれた。よかった。これで、なんとかなったかも。驚くほど効いた。自分から変わる、ってことが、こんなに相手を変えてしまうなんて。

しかし、意外な落とし穴が待っていた。

仕事は順調だった。矢藤主任のつくったチームの方針書は完璧だった。ほかにもどんどん提案してくれるし、全部ＯＫしていたら、びっくりするほど仕事が回りはじめた。生井主任も、ものすごい勢いで成果を出しはじめた。

うーん。とてもいい感じ、なんですが……。何かがしっくりこない。

最近、妙な不安に取りつかれているのだ。

そう。ひょっとして私、いなくてもいいのでは？

実際、最近では矢藤主任と生井主任が意見交換をして物事を決めてしまうケースが増えている。２人とも頭の回転が速く、仕事の捌《さば》きも速いので、パッパッと話を詰めて次に進めてしまう。営業の話だけでなく、テレビや新聞で話題になっている時事的なニュースについても、２人はよく意見を戦わせている。

私はサッパリわからないからいつも黙って聞いているしかない。

他部署との調整も矢藤主任がいつの間にかしてしまっているし、私のところには事後報告しか来ない。

時には、倉井課長への報告も、私の頭越しにしてしまうこともある。「いや、その前に私に報告すべきでしょ」と思っても、なんとなく言いそびれてしまう。時折「私に何かできることない？」とさりげなく尋ねてみても、「大丈夫ですよ。問題ありません。順調です」と言うばかり。

実際、仕事は順調で営業成績も昨年の3割増しのペースで進んでいる。私自身の成績は昨年並みというのに。

はっきり言って、私が朝から晩まで何もしないで遊んでいても、仕事は回っていくに違いない。

ということは、私は一体ここで何をしてるの？　こんなんで係長でいいの？　ハッキリ言って、いま私がしている仕事は、自分の電話がけ営業をしているだけ。平社員の時の仕事と何も変わらない。

係長としてやるべき仕事のほとんどは矢藤主任がやってしまっているし、私の主任時代の仕事は生井主任がバッチリやってる。

なんとなく「仲間外れになってしまった」寂しさがある。立場が違うから、友達のように盛り上がるわけにもいかない。愚痴を言うわけにもいかない。根掘り葉掘り報告を求めたらたぶん嫌われる。かといって放任していても、いろいろと気になってしまい、ストレスになる。

一体、私は何をやっているのだろう。こんなことでいいのだろうか？

チームの仕事が順調になるほど、一人で悶々としている時間が増えてしまった。

私はこんなにみんなを頼りにしているのに、誰も私のことは頼りにしてくれない。やっぱりこれって……。

「贅沢な悩みだな～。ついに君もそこまで来たか！」

立花先生は、さも感心したふうに頷いた。

ひどい。私なりに悩んで相談に来てるのに。贅沢だなんて。

何が起きたわけじゃないけれど、なんとも出口の見えない、このもやもやの苦しさは、いつも一人で仕事をしている立花先生にはきっとわかんないのよ。

「まあまあ。でもね。いまでは2人の主任は刃向ってくるわけでもなく機嫌よく仕事している。業績も上がっている。君の苦手な書類作りや他部署との調整もやってくれる。きつい電話がけも生井主任がどんどんやる。何も問題はないように思えるよ。ただ、君の心境が暗いというだけで」

そうなのよ。その私の心境が問題なのよ。だいたい、やることがなくて困っているのに、どうしたらいいんでしょうか。

「あはは。本当に贅沢だなあ。やることがないなら、みんなの仕事がうまくいきますようにと祈ってればいいよ。いや、これ冗談じゃないよ。実際、経営の神様と言われた松下幸之助という人は、社員に向かって拝んでたって言うよ。会社が小さい時は、ああしろ、こうしろって命令して動かしていたけど、社員が万単位に増えてからは細かい指示を出すわけにもいかず、結局、拝むしかなかったって。だから、君は部下４人にして、早くも松下幸之助の悟りに近づいたのかもしれない。いや、まったくこれはすごい」

笑い事じゃないんですけど。

「ごめん。最後のは冗談だ。まあ、でも上司というのは孤独なものだからね。いま君が感じている寂しさには、ある程度耐えなければいけない。

ただ、感謝はしたほうがいいよ。普通、上司の悩みというのは、そんなものじゃないよ。かつての生井さんのようにいちいち感情的にくってかかる部下がいるとか、まったく言うことを聞いてくれない年上の部下もいるよね。でも、この辺はまだ序の口。まったく仕事ができずにミスばかり繰り返している部下の尻拭いで毎日追い回される。怠け者で隙あらばサボることばかり考える人もいる。人手が足りないのに仕事ばかり増えて毎日残業でふらふらになる場合もあるだろう。上司からのプレッシャーと部下からの突き上げで挟み撃ちに遭うのも苦しいよね。部下が足並みそろえて仕事をボイコットする。それで浮いた仕事を全部上司の自分が一人で片づけざるを得なくなる。他部署との衝突。顧客からのクレームの矢面に立つ。部下が会社のお金を着服した。通勤途中で痴漢でつかまった。セクハラで訴えられた。パワハラで人事に駆け込まれた。上司と部下が不倫しているのを目撃してしまった――」

ひーっ。もういいです、いいです。わかりました。私は十分恵まれていて、平和で静かな日常を満喫していますよ。

「ちなみに、いま挙げた例は、すべて実話だ。そう。会社は事件に満ちている。上司になったら、そのすべてと向き合わなくてはいけない。その意味で、まだまだ君は本当の意味での管理職の厳しさは味わっていないと思うよ。

だから、もっと苦労すべきだと言っているわけじゃない。すでに与えられているものについてもっと感謝することが大切だと言いたいんだ。そうすれば、不思議なことに、感謝され、期待され、頼りにされるほど、人は生き生きと働くものなんだ。いま、君は少しだけそのことを実感しているはずだけど。

〝人は、自分を知る人のために死ぬ〟という言葉もある。給料や肩書につられて働いているばかりではないんだ。一人ひとりの個性を認め、その人の能力を信頼し、仕事を任せながら、その人がいることに感謝していけば、必ず人はその気持ちに応えてくれるものだよ。もし、本当にやることがないというのなら、感謝の念《おも》いを送る、ということだけでも取り組んでみてほしい」

むー。反論できない。実際、立花先生の言う通りだ。ちょっと心がけを変えてみようかな。

ということで、その日の夜、早速家に帰って、「与えられてて〝よかった〟リスト」をつくってみた。

・矢藤主任が、仕事のできる人でよかった。
・矢藤主任が、責任感のある人でよかった。
・矢藤主任が、書類作りのうまい人でよかった。
・矢藤主任が、企画力・提案力の高い人でよかった。
・矢藤主任が、弁が立って説明能力の高い人でよかった。
・矢藤主任が、他部署との調整を嫌がらずに積極的に取り組む人でよかった。

・矢藤主任が、年上なのに、私の下で文句も言わずに働く人でよかった。
・矢藤主任が、営業3課に8年もいる大ベテランでよかった。
・矢藤主任が、女性だからというだけの理由でバカにする人でなくてよかった。

・生井主任が、仕事のできる人でよかった。
・生井主任が、電話がけという厳しい仕事を嫌がらない人でよかった。
・生井主任が、努力家でよかった。
・生井主任が、美人であることを鼻にかけない人でよかった。
・生井主任が、言わなくても率先して仕事をするタイプの人でよかった。
・生井主任が、朝から晩までサボることなく動き続ける働き者でよかった。
・生井主任が、陰で謀をめぐらしたりせず、何でもストレートに言ってきてくれる正直な人でよかった。

なんだか書いているうちに、本当に自分は恵まれているなあと、感謝の気持ちがふつふつと湧いてきた。

なんてありがたいんだろう。こんな素敵な人たちに囲まれて、仕事ができるなんて。そんなことを考えていたら、不覚にも涙がこぼれてきた。

結局、1人あたり10項目ほど挙げて、4人で合計40項目のリストを作ってみた。

よし。時間が空いたら、このリストを読み返すぞ。部下の言動にムカついた時も、このリストを読み返すぞ。

そう決意して、翌日、また立花先生のところに報告に行った。

「へー。立派なもんだね～。すごい、すごい。これは素晴らしいよ」と喜んでくれた。

それで、いつも言い忘れていたことを言ってみた。

「すべて立花先生のおかげです。いつも苦しい時に、見苦しく泣いたり、わめいたりしても、根気よく私の話を聞いてくれてありがとうございます。いま、私が曲りなりにやっていけるのは、すべて立花先生のおかげです」

あー、いやいや、と頭を掻きながら、珍しく照れているふうの立花先生がこう言った。

「どうも過剰評価されているようで心苦しいんだけど、いつものようにネタ元があってね。僕はそれをそのまま話しているだけなんだ。ということで、自分用のメモ書きがあるから、これは君にあげるよ」

その紙にはこう書かれていた。

組織のトップとしては、自分の命令をよくきいてくれる人のほうが使いやすいに決まっています。自分よりも年齢が若く、知識も経験も少ない人であれば、命令したとおりに動いてくれるため、使いやすいのは当然です。

ただ、そういう人は、知識や経験が足りないからこそ、上の人の言うことをよくきくわけです。その意味で、大きな仕事を成し遂げるには、戦力として十分ではないことも事実です。

一方、自分より十歳も二十歳も三十歳も年上の人と一緒に組めば、自分の知識や経験、思慮が足りないところなどを注意されることもあります。また、指示しても、そのとおりにやってくれないこともあれば、いろいろと意見を言われることもあります。

それでも、「仕事として、事業として、こういうものをやらなければいけないのだ」と考えるのならば、自分が主観的に「こうしたい」と思うことを自分一人で行うよりは、「こういう才能を持った人が必要である。こういう知識や経験を持った人が必要である」と考え、そういう人を登用し、使っていくことが大事です。それだけの器が必要なのです。

たとえ、自分にとっては多少やりにくくても、自分にはない能力や才能、経験、知識を持っている人を認め、登用していかなくてはなりません。

うーん。まさにいま実感しているところ。器かあ。すぐにどうにかできる話ではなさそうだけど、努力してみよう。

◇　◇　◇

みんなに感謝の思いを持つことを心がけはじめたら、少しずつ部下のみんなが心を開いてくれるようになった。自然と報告や連絡も来るようになり、ほんのたまにだけど相談を受けることもあった。そうこうするうちに生井主任が超の字がつく大口注文をゲットして社長賞を取ってしまった。いまや営業3課の

〝チーム日向〟と言えば、社内ではそれなりの存在に。

それからさらに2年の月日が流れ……。

私は地方の営業所に課長補佐で赴任することになった。一応栄転らしい。営業所では所長に次ぐナンバーツーで、部下は10人以上に増える。うへー。また、悩みが増える。

倉井課長は、なんと花形部署である営業1課の課長に栄転した。矢藤主任は、営業2課に異動して係長に昇格した。そして生井主任は、営業3課のまま、係長に昇格。みんなそれぞれの立場で成功できたみたい。みんなバラバラになってしまうのは寂しいけれど、本当によかった。

エピローグ
未来をつくる心の法則

異動先の営業所に赴任する前日、私は健康相談室を訪れた。

珍しく先客がいた。

「く、倉井課長⁉」

「おわっ。君はミキティ！　なんでここへ？」

なんでここへって、ここは私の聖なる休憩室なのよ。

「なんだー。ミキティもここに通っていたのか～。俺だけかと思っていたよ。いつも人がいないから」

おいおい、それじゃ流行らない病院みたいじゃないか、と立花先生がツッコミを入れる。２人のかけ合いを見ていると、相当仲良しらしい。そういえば、倉井課長も若い頃、ここに通っていたんだっけ。

「それはそうと、今日はなんだい。珍しく泣いてないようだが」と立花先生。

「はい。初めて悩みなしにやってきました。明日から営業所に異動になるので、ご挨拶にと思って」

「ああ、そうか。君たち2人とも栄転したんだったな。それはおめでとう。泣き虫の2人がそろって出世するなんて夢みたいだ」

「先生。いまさりげなく俺を泣き虫の中に入れませんでしたかっ」と倉井課長がくってかかる。むー。あの倉井課長も泣きながら相談していたのだろうか。あまり想像したくない図だ。この話に乗るのはやめておこう。

　すると、倉井課長が、いつものようにトボけた会話をしかけてきた。

「あれ？　ミキティがここに通っていたということは、いろいろと悩み相談に乗ってもらっていたということか。すると、ミキティがグングン力をつけてきたのは、ひょっとして立花先生のアドバイスのおかげ？　俺の指導ではなく」

と倉井課長が首を傾げる。

「いやいや、倉井課長にも十分にお世話になりました」

「いま、〝も〟と言ったかね。〝も〟と。倉井課長〝には〟ではなく」とムキになる。相変わらずウザイけど、こんなあほらしいやり取りも今日で最後になるかと思うと、なんだか寂しくなる。

「今日は立花先生にぜひ最後に教えていただきたいことがあって来たんです。いつも私が悩んでいる時に、最後にいろいろとアドバイスを書いた紙切れをくださるじゃないですか。あれ、本当に心の支えになったんです。

これからも立花先生に相談したいんですけど、遠くてめったに来れなくなるから、あの本、自分でも買おうと思うんです。だから、なんの本なのか、教えていただきたくて」

「そう言うだろうと思って、実は、栄転祝いで1冊用意しておいたよ。これは、僕が〝成功の神様〟だと思って尊敬している人が書いた本なんだ。君に紙切れとして三つほど教えを紹介したけど、それは、そのうちのほんの一部にすぎない。ぜひ、1冊全部目を通して、未来を切り開くための心の使い方について学んでほしい。きっと、これから生じるいろんな悩みを解決するのに役立つはずだよ。心の教えはとっても深いから、繰り返し読んで自分のものにすることが大切だ」

そう言って、立花先生が渡してくれた本の表紙には、こう書いてあった。

未来の法

ついで、本を開いて目次を眺めてみると、こんな章立てが目に飛び込んできた。

勝利への道——「思いの力」に目覚めよ
成功学入門——理想を実現するための考え方
心が折れてたまるか——「強い心」を発見すれば未来が変わる
積極的に生きる——失敗を恐れず、チャレンジし続けよう
未来を創る力——新しい時代を切り拓くために
希望の復活——さらなる未来の発展を目指して

うー。なんだか、ものすごく力強い感じだぞ。積極パワーが行間から溢れてる。

「立花先生。ありがとうございます。一生懸命勉強させていただきます。
本当にいろいろとお世話になりましたっ！」

いただいた本を胸に抱いて、そう勢いよく挨拶すると、隣で倉井課長が「俺には？」という期待に満ちた表情をして待っていたので、できれば言いたくなかったけど、仕方がない。ひそかに思っていたことを言ってみた。

「倉井課長にも本当にお世話になりました。そして、いろいろとご迷惑をおかけしました。それで私、管理職として倉井課長の器の大きさを最近になってようやく理解できるようになりました。実はすごい人なんだなって。いつの間にか、倉井課長に育てられていたんだって。そして、管理職ってこうあるべきだということを、倉井課長の姿に重ね合わせていたんだと……。本当にありがとうございました」

恥ずかしい話、これは正直な実感だった。いつも明るくて、前向きで、冗談を飛ばしながら、仕事のプレッシャーをさりげなく与えつつも、決して深入りはしない。考えてみると、つかず離れず、絶妙な距離を保っている。自由に仕事をさせてもらって、責任だけはきちんと取ってくれる。頭ごなしに叱り飛ばしたり、ねちねちと嫌味を言われることもない。案外、こんな上司は少ないだろう。

　そんな感謝の思いを込めて頭を下げてみたのだが、姿勢を戻してみると、倉井課長の「だろ～？」というスーパーどや顔が目の前にあった。

しまった。言いすぎた。しかし、時すでに遅し。

「ミキティ、君はシンデレラだっ！」と、感極まった課長が突然、叫んだ。ひっ。

「俺が誇るシンデレラだ。もう君は貧しい召使いなんかじゃない。ガラスの靴の似合うお姫様だ。そう、君こそ俺が探し求めたシンデレラなのだ」

　そう言って、手を差し伸べてきた。

　え、エスコートでもする気か？　というか、なぜあなたが〝王子役〟を演じてるんだ。しかも、う、ウインクしてるっ⁉　き、キモい。

一瞬、ドン引きして怯んだが、私はもう昔の私じゃない。差し伸べた課長の手を、ガチッと握った私は、そのまま力強く上下にブンブンと振り回した。予想外の動きに倉井課長の目が点になる。そして、言ってやった。

「課長こそ、私がいなくなって寂しがらないでくださいねっ」

戸惑って茫然としている倉井課長と立花先生を残して、私は健康相談室を後にした。


（おしまい）

健康相談室

おわりに

いかがでしたでしょうか？

仕事や人生における悩みを解決するヒントを少しでもつかむことはできたでしょうか？

今回は、『未来の法』に盛られた「心の教え」を、ややお手軽な形で、ほんのさわりの部分だけ紹介させていただきました。これがすべてではありません。

仕事のささやかな悩みを解決するにとどまらず、人生をかけた大きな夢を実現したり、いまの自分からは想像もできないような理想の自分を創り上げたりすることができる教えです。

『未来の法』の著者である幸福の科学グループ創始者兼総裁の大川隆法先生は、東京大学法学部を卒業された後、大手総合商社を経て、わずか１人、６畳１間で幸福の科学を興します。それから20数年、いまでは１０００冊を超える著書を発刊し、世界各国で講演活動を行い、全国・全世界に活動拠点を展開し、幸福の科学はすでに戦後最大の教団となりました。製作した映画は8作に至り、幸福の科学学園を立ち上げ、幸福実現党も創立しました。こんなことができた人は歴史上一人もいないと断言してよいでしょう。まさに「成功の神様」と呼ぶにふさわしい実績を積み重ねているのです。

本書をお読みいただいた機会に、この教えを本格的・体系的に学んでいただければ、必ずや人生に勝利し、理想を実現し、さらにはこの世の中をよりよいものに変えていくことができるはずです。ぜひ、『未来の法』をひも解いてみてください。

皆さまの人生が、少しでも幸福と成功に彩られますことを心から祈念して、本書を締めくくりたいと思います。

付録

立花先生が学んでいる
成功の神様の教え
一覧

第1章

『未来の法』　序章／勝利への道
有限で悲観的な自己像に縛られるな……18ページ～

『繁栄思考』　第2章／貧乏神を寄せ付けない方法
人間は「自分が尊敬している人」に近づいていく……71ページ～

『成功の法』　第2章／成功の条件
自信を持つ……60ページ～

『大悟の法』　第5章／常に仏陀と共に歩め
心の自由性……236ページ～

『経営入門』　第三部／発展・繁栄の秘訣　第3章／経営のコツ
「シンデレラ商品」を見落としてはならない……363ページ～

『Think Big！』　第5章／勇気百倍法
失敗を恐れずに挑戦せよ……191ページ～

『Think Big！』　第2章／さわやかな成功を！
劣等感に長くとらわれている人はエゴイスト……75ページ～

『不況に打ち克つ仕事法』　第3章／幸福の科学的仕事法
「明るく積極的で肯定的な人生観」を持つ……144ページ～

第2章

『未来の法』　第1章／成功学入門

嫉妬への対処法 ……………………………………………… 51ページ～

『真実への目覚め』　第5章／愛と天使の働き

嫉妬は自分の理想像の否定 ……………………………… 114ページ～

『未来の法』　第1章／成功学入門

若い部下に嫉妬しない上司になる ……………………… 74ページ～

『幸福の法』　第3章／人間を幸福にする四つの原理

自分との戦いでは勝つことができる …………………… 175ページ～

『創造の法』　第2章／アイデアと仕事について

ライバルや敵ほど〝良い先生〟はいない ……………… 78ページ～

『希望の法』　第3章／この世とあの世を貫く成功

自分一人の成功にしない ………………………………… 192ページ～

第３章

『未来の法』　第１章／成功学入門

自分より力のある人を部下として使えるか ……………………………………………71 ページ～

『幸福のつかみ方』　第四章／頑張れ キャリアウーマン！

大抜擢で人より早く管理職になりましたが、
管理職についたとたん、上司からの評価が悪くなってきました ……………149 ページ～

『成功の法』　第４章／ビジネス成功法

個性を生かす ……………………………………………………………………………………132 ページ～

『成功の法』　第４章／ビジネス成功法

部下を愛する ……………………………………………………………………………………122 ページ～

『常勝の法』　第１章／成功の法則

用兵のコツ ……………………………………………………………………………………… 47 ページ～

『成功の法』　第８章／現代成功哲学

愛の還元 ………………………………………………………………………………………… 288 ページ～

『希望の法』　第２章／成功するということ

人間関係をよくする方法 ………………………………………………………………157 ページ～

『理想国家日本の条件』　第３章／逆境からの脱出

言葉と心の調律を ……148ページ～

『感化力』　第一部／タフな自分をつくる

第２章／理想を実現できる人、できない人

長所を伸ばせば、環境は変化する ……32ページ～

『心を癒す ストレス・フリーの幸福論』　第２章／人間関係向上法

できるだけ長所を見るように努力する ……90ページ～

『経営入門』　第三部／発展・繁栄の秘訣　第１章／経営入門

経営の本質は、個人の限界を超え、人を使って仕事をすること ……226ページ～

『愛、自信、そして勇気』　第１章／伝道の精神を鍛える ※

正しい信仰者には、すべてが与えられている ……26ページ～

『愛に向けての第一歩』　「愛する愛」は人生における最初の関門 ※

子供から大人へ脱皮するための試金石 ……12ページ～

『幸福の原点』　第２章／与える愛について

無償の愛へ ……80ページ～

いずれも大川隆法著、幸福の科学出版刊

※非売品

HSエディターズ・グループ
日本の未来を拓き、世界のリーダーとなる人材の育成を目的として、真の教養を積み、人格を形成するための指針となる書籍の出版を目指す、幸福の科学出版の一般書編集部のエディターを中心に構成。本書のほか『伝道師』『偉人たちの告白』等も手がける。

イラスト：yukiyama

ストーリーで学ぶ
仕事で悩まないための3つの心がけ

2013年4月18日　初版第1刷

編著　HSエディターズ・グループ

発行者　本地川 瑞祥

発行所　幸福の科学出版株式会社
〒107-0052　東京都港区赤坂2丁目10-14
TEL（03）5573-7700
http://www.irhpress.co.jp/

印刷・製本　株式会社堀内印刷所

ISBN978-4-86395-321-5 C0030

未来の法

新たなる地球世紀へ

2,000円

法シリーズ 19作目

暗い世相に負けるな！ 悲観的な自己像に縛られるな！

心に眠る「無限のパワー」に目覚めよ！ 人類の未来を拓く鍵は、私たち一人ひとりの心のなかにある。

※表示価格は本体価格（税別）です。

大川隆法 ベストセラーズ

心を癒す
ストレス・フリーの幸福論

人間関係の問題、経済問題、老後の心配に負けないための、ストレス・マネジメントのコツから、奇跡を感じるスピリチュアルな解決策まで。

1,500 円

サバイバルする社員の条件

リストラされない幸福の防波堤

能力だけでは生き残れない。不況の時代にリストラされないためのサバイバル術が語られる。この一冊が、リストラからあなたを守る！

1,400 円

不況に打ち克つ仕事法

リストラ予備軍への警告

仕事に対する基本的な精神態度から、ビジネス論・経営論の本質まで。才能を開花させ、時代を勝ち抜くための一書。

2,200 円

頭をシャープに。心を豊かに。

幸福感の強い人、弱い人

最新ポジティブ心理学の信念の科学

千田要一 著

あなたの「潜在意識の信念」が若さと寿命を決めている！ 世界標準の実験結果から導き出した、幸福感を高めるための「よい信念」とは？　最新心理学テストつき。

1,200円

中島孝志の「1行！ 仕事塾」

もうちょっと仕事が好きになるだけで成功できる

中島孝志 著

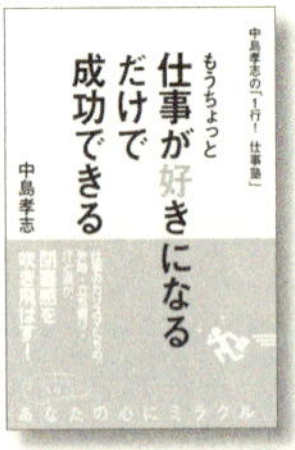

仕事のカリスマたちの失敗と立ち直りの体験談が盛り込まれ、「自分だけじゃないんだ」と励まされる一書。ホントはもっと頑張りたいあなたに、たった1行で元気をチャージ！

1,400円

自己能力を10倍高める

トランスフォーム仕事術

松本幸夫 著

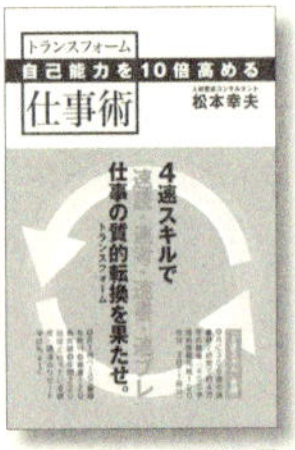

4速スキル「速読」「速考」「速書」「速プレ」で、人生のステージが上がる！　読書量を20倍にする方法、現実を突破する発想術など、実績に基づく究極のスピードスキルを伝授。

1,400円

無限の富を生み出す

大富豪になる方法

安田善次郎 著

安田善次郎の生前の代表作『富の活動』が、よみがえりました。蓄財の秘訣から心の統御法、具体的な仕事の仕方など、現代の参考になるヒントが満載です。

1,200円

幸福の科学出版

※表示価格は本体価格（税別）です。